지금 이대로 괜찮을까

사랑하는 나의 아내 지홍,
보물 같은 두 딸 연우, 연재
그리고 하늘에 계신 장모님께
이 책을 바칩니다.

비로서 나의 인생을 산다

'너 백수야. 그렇게 특별한 척하더니 너도 별거 없는 놈이네!'

백수 시절, 나를 바라보는 시선은 그랬다. 백수생활을 선택하기 전까지 자신감에 넘쳐 살았던 나였음에도 주변이 만들어 낸 공포감과 압박에 자존감은 여지없이 무너졌다. 그동안 살아왔던 모든 방식이 부정되었고, 내가 세상을 몰랐던 진짜 무지한 인간이었나 생각이 들 정도였다. 지금에서야 이해되지만, 그 시절 부모님은 내 인생의 가장 찬란했던 여행마저 괜한 선택이었다고 하시며 마음을 헤집어 놓으셨다.

"스리랑카를 괜히 갔다 온 거 같다. 그 시간에 취업준비나 더 했으면 이 상황도 오지 않았을 거 아니냐? 공부한다고 다 되는 것도 아니고. 지금이라도 그만하고 어디라도 써보는 게 어떠냐? 언제까지 이러고 있을 거냐?"

주위의 말 한마디에 나의 정신은 나약한 유리알처럼 무참히 깨져 버렸다. 나라는 사람이 남의 시선에 얼마나 매여 사는지도 알게 됐다. 자존감이 낮아질 때로 낮아진 나는 인생이 통째로 사라질 거 같은 기분마저 들었다. 그래서 물었다. 지금까지의 선택은 누가 했지? 나다. 넓은 세상이 보고 싶어 스리랑카를 선택했던 것도 나였고, 현실과 꿈을 절충한 회사에 도전해보겠다고 백수를 선택했던 것도 나였다. 휩쓸리면서 선택하지 않았고, 지금 이 시간은 내가 원해서 선택했던 거다. 그때부터다. 정처 없이 흔들리던 마음이 진정되던 게. 뒤늦게나마 중심을 잡고 온 노력을 쏟아낼 수 있었던 건, 스스로에게 던졌던 '질문'이었고 그에 응답하려던 '절실함'이었다.

그런데 궁금한 게 생긴다. 흔들림 속에서 내적 안정감을 되찾고 심지어 도약을 일으키게 하는 질문은 도대체 어떻게 만들어진단 말인가? 결론부터 말하면, 지금껏 무관심하게 방치하고 짓누르기만 했던 마음속 불만을 끄집어내는 것으로부터 만들어진다. 이 책은 마음 안에 내재된 불만이 어떻게 발현되고 그로 인해 어떤 질문을 스스로에게 던져야 되는지에 관한 하나의 실험 이야기다. 내적인 안정감과 도약은 방치됐던 마음속 불만을 어루만지며 끄집어내는 데에서 시작되었고, 스스로에게 질문을 던지면서 폭발력을 가졌다. 기가 막히는 건 그렇게 만들어진 질문에 끈질기게 응답하는 사람일수록 비로소 자신의 인생을 살기 시작한다는 점이다.

남이 설계한 인생으로는 내면의 불만을 해소시키지 못한다. 불만을 어루만지고 발현시켜 진심이 담긴 이야기로 탄생되는 순간, 자신에게 삶의 설계도가 주어진다. 성공과 꿈이 무엇인지 남의 기준에 맞춰 논한들 그것이 내 것일 수 있을까.

자신이 주인이 되지 못한 채 왜 바쁘게 사는지도 알지 못하는 수많은 청년들이여, 진짜 바빠야 할 일은 따로 있다. 마음속 불만을 끄집어내는 일이다. 에너지를 이곳에 집중시켜야 한다. 고요하게 나를 바라볼 수 있는 시간과 환경을 만들어야 한다. 그런 뒤에 마음속 불만에게 손짓하며 이제껏 알아보지 못해 미안하다며 어루만져주라. 그것만큼 자신을 단단하게 성장시키는 건 없다. 소설가 알랭드 보통은 한 강연에서 '우리는 고고학자처럼 자신을 연구해야 합니다'라는 말을 했다. 혜민 스님 역시 '삶에서 가장 중요한 것은 내 마음을 알아채는 일'이라고 했다. 내면을 탐색하는 일이 '나만의 인생스펙'을 만드는 가장 훌륭한 일임에는 틀림없다.

2018년, 올해 마흔이 되었다. 오지 않을 것만 같던 나이 '마흔'이 나에게 왔음에도 표면적으로는 아무렇지 않은 듯 하루를 보내고 있다. 하지만 내 속은 변화를 갈망하는 열기로 '펄펄' 끓고 있는 중이다. 직장인이라면 응당 지켜야 할 '선'에서 나는 비껴 서 있다. 어느 작가의 고백처럼 '닥치는 대로' 삶을 살아가기보다 내가 설계하는 삶 속에 나를 던져야 한다는 마음속 불만을 다시 직시했다. 누구의 지시가 아닌 나의 의지로 말이다. 하지만 어떠한 열정도 결국엔 식을 거라고 누군가는 말한다. 나도 경험을 수차례 해본 지라 잘 알고 있다.

그러나 삶의 목적에 집요한 물음과 그에 상응한 답을 쏟아내는 사람이야말로 식은 열정도 다시 일으키고 인생의 어려움도 넘어설 수 있다고 믿는다. 그래서 여전히 스스로 묻고 있다. 나는 누구인가? 나다운 삶이란 어떤 것일까? 제대로 된 삶이란 어떤 삶인가? 그러한 삶을 위해 나는 어떻게 살아야 할 것인가? 의미 있는 삶, 행복한 삶이란 무엇이고 그것들을 위해 나는 어떤 것을 할 것인가? 죽음의 순간에 지나온 삶에 후회가 없었다고, 만족스러웠다고 나는 말할 수 있는가? 이 것은 나뿐만이 아니라 이 땅을 딛고 사는 사람들에게 똑같이 주어진 질문이자 숙제일 것이다.

왜 살아야 하는지 치열하게 묻는 자만이 나다운 삶이 무엇인지를 찾아낼 것이며, 또 그것대로 살게 될 것이다. 그럼에도 당장 닥치는 대로 삶을 살아가는 무수한 청년들, 내면의 나를 탐색하기보단 밖의 시선으로 스스로를 평가하는 사람들, 내면의 고뇌를 위로나 힐링으로 너무나 쉽게 대체하는 사람들, 삶의 목적을 묻는 고민 자체를 사치라 며 말하는 청년들이 우리 주변엔 너무나 많다.

고백컨대, 그들에게 이 책이 진정 '귀한' 책이 되었으면 한다. 그들 로 하여금 행동에 나서게 하고 싶다. 그래서 니체의 말처럼 그 어떤 상황에서도 견딜 수 있는 내면의 힘을 기르게 하고 싶다. 그렇게 힘을 길러낸 사람들이 자신의 경험을 힘들어하는 또 다른 누군가에게 전 달하는 '민들레 씨앗' 같은 멋진 풍경을 목격하고 싶다. 각박하다고 보 이는 세상이지만 그래도 희망을 품을 수 있는 건 이런 기대 때문이다. 세상은 그렇게 아름다워질 것이다. 스스로의 물음 앞에 서 있을 당신 과 나의 인생에 민들레 씨앗 하나를 바친다.

- 이도권

자기계발서를 좀처럼 안 읽는 편이지만 이 책은 단숨에 읽었다. 자기계발서 류에 없는 세 가지 보기 드문 장점이 있어서다.

첫째, 저자가 흔히 말하는 잘난 사람이 아니라는 점이 좋았다. 저자는 SKY대학 출신도 아니고 유학파도 아니다. 벤처사업가도 아니고 국제기구직원도 아니다. 전문직도 아니고 예술가도 아니다. 그저 자신의 내면을 탐색하며 자기다움을 추구해온 점이 돋보이는 평범한 40세 직장인이다.

둘째, 내 삶에 적용해보기엔 너무나 고상하고 감동적인 예화와 훈화로 가득 찬 대부분의 자기계발서와 달리 이 책은 저자의 직접적 체험을 바탕으로 쓰인 점이 남다르다. 예화가 생생하고 메시지가 절절하며 진정성이 넘치는 이유다. 특히 스리랑카 체험이나 직장 경험을 풀어낼 때 그렇다. 물론 체험 수기나 여행기는 전혀 아니다.

이 책의 마지막 미덕은 누구나 독특하고 누구나 이웃을 돕는 리더가 될 수 있다는 자기계발서의 핵심메시지를 동네 형과 오빠의 목소리로 친근하게 풀어내는 데 있다.

읽고 나면 주눅 들기 쉬운 자기계발서와 달리 이 책은 나도 할 수 있겠다 싶고, 나도 꼭 해봐야겠다는 내면의 꿈틀거림을 촉발한다. 스스로 평범하다고 느끼는 독자일수록 이 책에서 설득력과 호소력, 변화의 계기를 발견할 것으로 믿는다. 전체적으로 아주 묘한 맛이 있다. 재밌다. 매력적이고 성공한 책이다.

- 곽노현 (사)징검다리교육공동체 이사장, (전)서울시교육감

목 차

나는 어떤 가치를 지니고 있는가?
_자존감 형성

나는 구구단도, 받아쓰기도 못했던 지진아였다

한 언론에서 기사화된 메모지 한 장.

공시생(공무원시험 준비생)이 매일 커피를 사들고 오는 건 사치 아닐까요. 같은 수험생끼리 상대적 박탈감이 느껴지니, 자제 부탁드립니다.

한 공시생이 도서관에서 다른 공시생으로부터 받았다는 메모였다. 이 공시생이 마신 커피값은 1500원. 브랜드 커피보다 싼 가격이지만 이마저도 사치라고 여길 수밖에 없는 이 시대 청년들의 비애. 불현듯, 나의 옛 백수 시절이 떠올랐다. 모든 것이 불확실했던 그 시절, 자존감은 끝을 모르고 추락했었다. 이들의 자존감 역시 어디까지 추락할 것인지 가늠하기 어렵다. 하지만 그 마음을 조금이나마 알기에 전달해 주고픈 메시지가 있다.

한 학생이 있었다. 스스로를 남들보다 능력이 뒤떨어지고 보잘 것 없다고 여긴 이 학생은 어느 날 비관에 빠져 선생님에게 물었다.

"전 아무것도 원하는 게 없어요. 저를 원하는 사람도 없죠. 제가 사는 건 무슨 의미가 있을까요?"

학생의 물음에 선생님은 미소를 지으며 대답했다.

"낙담할 것 없단다. 아무도 널 원하지 않는다니 절대 그렇지 않아."

선생님은 학생의 손에 구슬을 하나 쥐어주며 말했다.

"내일 아침에 이 구슬을 가지고 시장에 가서 팔아보렴. 그러나 누가 얼마를 준다고 해도 절대 팔아서는 안 된다."

학생은 의아했지만, 선생님이 보여준 신뢰의 눈빛을 믿고 구슬을 받아 들었다. 다음 날, 시장 한구석에서 구슬을 판다고 소리쳤다. 구슬을 사겠다는 사람들이 나타났다. 학생은 선생님이 지시한 대로 팔지 않고 기다렸다. 그러자 구슬 가격이 점점 올라갔다. 다음 날, 학생은 선생님에게 시장에서 있었던 일에 대해 말했다. 선생님은 웃으며 말했다.

"내일은 그 구슬을 보석시장에 나가서 팔아보렴."

학생은 보석시장에 구슬을 가지고 나갔다. 그런데 놀라운 일이 벌어졌다. 전날보다 10배나 가격이 뛴 것이다. 높은 값에도 학생이 구슬을 팔지 않으려 하자 사람들은 그것을 '진귀한 보물'이라고 부르기 시작했다. 학생은 보석시장에서 있었던 일을 선생님에게 다시 말했고, 선생님은 흐뭇한 미소를 띠며 말했다.

"사람의 가치는 이 구슬처럼 어떤 환경에 처하느냐에 따라 달라진단다. 하찮은 구슬이라도 소중하게 대하면 그 가치가 올라가지. 네가 이 구슬과 같다는 생각이 들지 않니? 자신을 소중하게 대할 때 비로소 네 인생이 보석과 같아지는 거란다."

스스로를 보잘 것 없다고 여겼던 학생처럼 자신을 비하하는 것만큼 자존감이 낮아지는 일이 또 있을까.

초등학교에 갓 들어가던 시절, 나는 지진아였다. 받아쓰기 시험을 보던 날이 여태 잊히지 않는다. 선생님 말이 끝나기 무섭게 '사각사각' 써내려갔던 친구들. 그들은 자신만만함 그 자체였다. 선행학습과 수업시간에 배운 모든 것들을 답안지에 쏟아내고 있는 모습에서 쩔쩔매는 친구에 대한 배려를 찾아볼 수 없었다. 구구단 역시 받아쓰기와 별반 차이가 없었다. 곱하기의 의미를 잘 이해하지도 못하는 나에게 동요 부르듯 외우는 친구들이 부럽고 대단해 보였다. 동시에 난 끝없이 작아져만 갔다. 한글은 한글대로 숫자는 숫자대로 학업속도를 전혀 따라가지 못한 나는 '느리고 아주 뒤처진 아이'였다.

그런데 3학년부터 이상한 일들이 벌어졌다. 지진아 탈출을 넘어 친구들 앞 자신감 넘친 아이로 거듭난 나, 도대체 어떻게 된 일일까? 지진아 탈출에 공로자 세 명이 있다.

첫 번째는 나의 어머니다. 야단칠 땐 눈물 쏙 빼도록 혼을 내셨지만, 받아쓰기 '빵점'을 받아온 그날만은 달랐다. 집 앞 슈퍼마켓에 나를 데리고 먹고 싶은 빵을 고르라고 하셨는데, 가게 아주머니에게 '내 아들이 받아쓰기 빵점 맞아서 빵을 사준다'고 웃으며 공개해버리셨다. 이상하게도 창피하기보단 '배시시' 웃음이 나왔다. 야단칠 줄 알았던 어머니마저 대수롭지 않게 생각하니 굳이 웅크릴 필요가 없었다. '그래. 다음에 잘하면 되지, 뭐' 하면서 말이다.

두 번째는 2학년 때 만난 짝꿍이다. 선한 눈빛에 참 곱던 우리 반 부반장이었다. 학교생활에 적응 못하고 위축되어 있던 나를 순식간에 폭풍 적응시킨 장본인이다. 그녀는 받아쓰기와 구구단 공부 신공을 보여주고는 할 수 있으니 차분히 해보라며 따뜻하게 기다려 주었다. 짝꿍의 도움으로 공부에 탄력을 받아 '나도 잘할 수는 있는 사람이구나'라는 생각에 위축된 어깨를 급속도로 펴게 됐다.

마지막 공로자는 2학년 담임선생님이다. 선생님은 나의 웃는 모습을 좋아하셨는데, 수업이 끝나갈 무렵 "도권이가 웃을 때면 이렇단다" 하시면서 칠판에 '^^' 이렇게 적으셨다. 칠판닦이 담당이었던 난 수업이 끝나고 선생님이 그려 놓은 노란색 분필의 '^^' 모습을 한동안 지우지 못한 채 마냥 뿌듯하게 바라봤었다. 나의 특색을 콕 집어 의미를 부여해준 선생님이셨다. 나를 아껴주는 사람이 '우리 선생님이어서 너무 좋다'라고 느끼는 순간 더 이상 학교는 힘든 곳이 아니었다.

이렇게 '느린 아이'에서 신기할 만큼 앞에 나서는 걸 '즐기는 아이'가 되었고, 그 변화에 세 공로자가 내 인생의 대찬 물길을 터주었다는 사실에 지금도 감사하다.

그런데 만약 다른 사람들로부터 인정받고 사랑 받고 있음을 알아도 마음이 열려 있지 않으면 소용이 없었을 것이다. 만일 '괜히 저러는 걸 거야', '진심은 아닐 거야' 하면서 그냥 흘러들었다면? 모두가 척척 해내는 받아쓰기와 구구단을 하지 못해 쩔쩔매던 지진아가 2년 후부터 줄곧 반장, 부반장을 도맡아 할 정도로 드라마틱한 변화를 이뤄낼 수 있었을까? 자신을 믿어야 한다. '머리도 나쁜데 뭘 제대로 하겠어?' 하며 스스로 자존감을 낮추는 태도나 뒤틀린 마음을 의도적으로라도 떨쳐내면서 말이다.

모든 일은 내가 하기 나름이다. 여기서 하기 나름은 '마음먹기'와 '행동에 나서기'다. 세 사람의 도움이 절대적이었기 때문에 나는 행운아라고 생각한다. 그러나 세 사람의 긍정적인 메시지조차 나를 통하지 않고는 발현되지 못한다는 것 역시 사실이다. 적극적인 마음으로 수용하고, 그것이 체화되어 진취적인 행동으로 나타날 때 극적인 변화를 가져온다.

『왓칭』에 이를 아주 적절하게 표현한 사례가 있다. 한 입사지원자가 자신의 약점인 못난 외모를 장점으로 바꿔놓은 자기소개다.

"제 첫인상을 보시고 실망하셨죠? 이런 얼굴로 어떻게 감히 방송국에 지원하나 하고요. 첫인상은 타고난 거라 저도 어쩔 수 없어요. 하지만 끝인상만큼은 책임질 수 있습니다. 노력으로 할 수 있는 일, 뒷바라지가 필요한 일, 끝인상을 책임질 만한 일은 무조건 자신 있습니다."

지금보다 변화하고 성장하고 싶은가? 변화하고 싶은 만큼 마음을 적극적으로 열어젖혀라. 열어젖힌 만큼 긍정적 기운을 흠뻑 빨아들인다. 그리고 확인하게 된다. 채워진 긍정의 기운이 자신감이 되어 있다는 사실을. 당신은 이제 자존감이 낮았던 예전의 사람이 아니다. 자신감으로 가득 찬 만큼 몸은 진취적으로 행동하게 되어 있다. 이미 가치 있는 사람이었으나 지금껏 몰랐을 뿐이다. 그 시작을 위해 다음 질문에 응답해보자.

떠오르는 대로 솔직하게 적어보자. 진짜 모습을 왜 찾아야 하
는지 그 고민에 도움이 될 『이솝우화』의 수사슴의 이야기를 덧붙
인다.

"수사슴은 자신의 뿔은 자랑스러워하고 다리는 싫어했다. 그러
나 사냥개가 쫓아왔을 때 다리 덕분에 살고, 이후에 뿔이 가지에
걸려 죽었다."

판을 바꾸는 질문이 나를 일으켜 세웠다

수년 전부터 청년세대에서 회자되는 말이 있다.

'자존감 도둑'

말 그대로 마음에 상처를 주고 자존감을 바닥까지 끌어내리거나 앗아가는 사람을 말한다. 한 취업포털에서 취업준비생(이하 취준생)을 대상으로 조사를 했더니 88.4%가 '취업 준비 과정에서 자존감에 상처를 받은 적이 있다'고 답했다. 일부 회사의 '압박 면접', '부모의 핀잔' 등이 취준생의 자존감을 깎아내리는 주된 이유들이었다.

그런데 정작 '자존감 도둑'으로 꼽힌 1위는 누구였을까? 놀랍게도 '나 자신'이었다. 끝 모를 취업난 속에 타인과 비교하며 자신을 비관하고 부정적 감정을 너무나 쉽게 받아들이기에 일어나는 일들이었다. 바닥으로 치닫는 자존감을 도대체 어떻게 회복시켜야 하는 것일까? 여러 가지 해결방법이 있겠지만 본질은 결국 '나'로 귀결된다.

　나는 삼형제의 둘째다. 태어날 때 부모님은 내가 딸이길 바라셨다고 한다. 그래서인지 다 커서는 세 아들 중에 가장 감성이 넘치고 부모님과 격의 없이 지내고 있다. 하지만 말 못할 아픔이 있었다. 초등학교 시절, 쌓이고 쌓였던 울분이 터진 것이다. 부모님은 나만 미워하는 게 분명해 보였다. 형은 장남이라 집안의 기둥으로 인정받았고, 동생은 막둥이라 사랑을 독차지했다.

　그러던 어느 날, 아버지께 크게 혼난 뒤 순간의 감정이 복받쳐 가출을 감행하게 된다. 그러나 나오고 보니 갈 곳이 없어, 야구도 하고 아버지 심부름으로 토끼풀도 뜯곤 했던 놀이터로 발길이 향했다. 그네에 걸터앉아 노을을 보고 있자니 더욱더 울적해졌다.

　'부모님은 왜 나를 소홀하게 대하실까?'

　'난 왜 부모님께 사랑 받지 못하는 걸까?'

　겨우 마을 동구 밖 놀이터였지만, 거리와 장소는 중요치 않았다. 그곳에서 사랑받지 못하는 내 처지를 비관하며 원 없이 서러움을 쏟아냈다. 그런데 어느 순간 서러움은 잦아들고 '이런 상황을 매번 겪어야만 하는 걸까?'라는 생각이 들었다. 당연히 그러고 싶지 않았다. 나만 바라봐주기를 기대하다가 그 기대치에 충족되지 않으면 또다시 부모님을 미워하고 서운해하는 내 모습이 싫었기 때문이다.

'그래, 엄마, 아빠 관심 없이도 나 혼자 잘할 수 있어. 뭐든 보란 듯이 해낼 거야!'

중요한 건 그 다음의 감정 변화였다. 뒤죽박죽이었던 마음이 조금씩 평온해지면서 묘하게 단단해지는 느낌이 드는 게 아닌가. 급기야는 어둑어둑해지자 '에이, 집에나 가자'란 생각이 들었다. 그렇게 집에 돌아왔는데 부모님은 밥 먹으라며 아무렇지도 않게 말씀하셨다. 혼자 감정의 널뛰기를 했던 것이다. 결국 나만 아는 가출은 그렇게 막을 내렸다.

『나는 오늘부터 말을 하지 않기로 했다』에는 이런 글이 나온다.

'호수에 돌을 던져 보았다. 얕은 물은 흙탕물이 되지만 깊은 물은 잠시 파장이 일다가 이내 고요해진다. 작은 물고기들은 놀라 물 표면에서 움직이지만 큰 물고기들은 깊은 물속에서 요동하지 않는다. 살다가 돌을 맞거든 깊은 물처럼, 큰 물고기처럼 살아갈 일이다.'

호숫가에 돌멩이 하나 떨어지는 일이 예사로 있듯이 삶의 순간마다 예상치 못한 난관은 누구에게나 있다. 중요한 건 그런 난관을 어떻게 받아들이느냐. 흙탕물에서 허둥지둥될수록 물이 더 흐려지듯, 감정에 복받쳐 집을 뛰쳐나와 자신을 비하했던 부정적인 감정들은 사태 해결에 근본적인 도움이 되지 못했다.

반면, 감정의 소용돌이에서 한 발짝 벗어나 무엇이 문제였는지 나와 진지하게 대화를 시도했더니 변화가 일기 시작했다. 질문의 변화로 마치 얕은 물의 작은 물고기에서 깊은 물에 큰 물고기로 변해가는 것만 같았다.

이를 좀 더 실생활에서 풀어쓴 사례가 있다. 건축전문 저널리스트임에도 독일 최고의 관계심리 전문가라고 불리는 롤프 젤린의 저서 『나는 단호해지기로 결심했다』의 한 부분이다.

'예를 들어 수학 공부를 하고 있다고 생각해보자. 어려운 문제를 앞에 두고 어떻게 행동했는가.

방법 1. 다른 문제로 건너뛴다.

방법 2. 공부를 중단하고 밖으로 나간다.

방법 3. 스스로를 책망한다.

방법 4. 수학책의 가치를 평가 절하한다.

방법 5. 수학은 포기하고 국어에 집중해야겠다고 생각한다.

가장 좋은 방법은 잠시 책을 덮고 주의를 환기시킨 후 어떤 해법이 있을지 생각해 보는 것이다. 사람들은 흔히 처음으로 어려움에 부딪혔을 때 자신의 한계선을 확인했다고 착각한다. 지금까지 해오던 방식으로 문제를 해결할 수 없으면 아예 등을 돌리거나 포기해 버린다. 그러나 그것은 스스로 작은 울타리 안에 가두는 일이다. 자기 한계를 실제 능력보다 좁게 설정하면 아무 일에도 도전할 생각을 하지 못하고 자존감이 낮아진다. 문제에 부딪혔을 때 우리가 처음으로 해야 할 일은 한 발 물러서서 어떻게 해결하면 좋을지 생각할 시간을 갖는 것이다. 그래야 잠재력을 끌어내고 한계선을 확장할 기회를 마련할 수 있다.'

예시가 수학문제이긴 하나, 내가 가출을 감행하며 겪었던 상황과 아주 유사해 보인다. 만일 부모님에 대한 미움이 극대화된 나머지 집에 돌아오지 않았다면 어떻게 됐을까? 아마도 돌아올 수 없는 강을 건너지 않았을까? 그래서 필요한 것이 '한 발 물러서서 무엇이 문제이고 어떻게 해결하면 좋을지 생각할 시간을 갖는 것' 즉 스스로에게 적합한 질문을 던져 보는 것이 중요하다. 그래야 잠들어 있던 자신의 진짜 목소리에 응답할 수 있다. 가출 당시 어린 나이였지만 격한 감정에 치달았던 나를 좀 더 보완해주는 부분이 있다. 『나는 단호해지기로 결심했다』의 '비상상황'이 그 좋은 예다.

'한계를 극복하기 위해서는 자기 자신을 비상상황에 노출시켜 보는 것도 좋은 방법이다. 사람들은 비상상황에 닥치면 엄청난 에너지가 필요하다는 것을 직감한다. 그래서 모든 감각을 문제

해결에만 집중하고 냉철한 판단을 내리기 위해 노력한다. 비상 상태를 극복하고 얻은 성취는 스트레스를 기분 좋은 흥분 상태로 바꾸고 더 강해졌다는 느낌과 더불어 자신감을 준다. 그럴 때 한계선 역시 자연스럽게 확장될 수 있다. 단호하게 자신의 한계선을 긋는다는 것은 안전하고 익숙한 길만 다니겠다는 것이 아니다. 그런 면에서 한계는 '중용을 지키는 것'과 엄연히 다르다. (중략) 한계를 설정하는 것은 치명적인 상처를 입지 않고, 체념하지 않는 선에서 도전하고 실패하며 성장할 수 있는 방법을 찾기 위함이다. 한계 안에 갇히는 것을 두려워할 필요가 없다.'

감정의 깊은 골에서 벗어나게 했던 건 어느 정도 서러움과 울분이 비워낸 뒤 *'이런 상황을 매번 겪어야만 하는 걸까?'*라고 스스로에게 질문을 던졌을 때다. 판을 바꿨던 그 질문의 힘은 '앞으로 나는 어떻게 할까?'라는 새로운 나를 그리게 했다. 결국, 부모님으로부터 형과 동생만큼의 관심이 없어도 혼자서도 할 수 있다는 '자립'을 결심하게 되었고, 그로 인해 나는 단단해졌다. 롤프 젤린의 말처럼 부모와 자식 간에 치명적인 상처를 입지 않고 체념하지 않으면서도 미지의 앞날에 도전을 선언한 것이나 마찬가지였다. 이때의 사건은 나의 한계를 확장시킨 첫 번째 경험이자 '스스로에게 던진 질문의 힘'을 여실히 보여준 일이었다.

자기 자신조차 '자존감 도둑'이라는 취준생들. 그들이 '힘들고 아픈 청춘'이 계속되지 않기 위한 주변의 배려, 그리고 취업난 해소를 위한 사회적 노력은 필요하다. 그러나 외부의 도움은 문제의 본질을 해결하는데 한계가 있다. 본질은 '나 자신'의 단단함을 갖추는 데 있다. 그런 이유로 삶의 난관에 부딪혔을 땐 이렇게 해보자.

1. 허둥지둥하지 않는다(이때 심호흡을 수차례 해보는 것이 좋다).
2. 한 발 물러서서 흙탕물같이 일어난 부정의 감정들을 천천히 걷어낸다.
3. 어떻게 해결하면 좋을지 생각할 시간을 갖는다.
4. 생각마저 남의 생각일 수 있다. 나의 생각인지 분별하고 나의 생각을 취한다.
5. 깊은 물에 사는 큰 물고기처럼 고요하게 나를 바라볼 수 있는 질문(판을 바꾸는 질문)을 던진다.

이런 절차를 따르다보면 어느새 감정의 소용돌이에서 벗어나 나를 직면하게 된다. 바로 이 순간이 자신의 한계를 확장시킬 수 있느냐 없느냐의 경계점이다. 고요하지만 엄청난 에너지가 필요하다. 모든 감각을 집중시켜야 할 때다. 어색하고 경험해본 적 없

다고 회피한다면 기존의 나로 돌아갈 뿐이다. 반드시 승리를 맛

봐야 한다. 그래야 또다시 승리할 수 있다.

위에서 시키는 걸 무슨 재주로 반대하냐고!

"자존감이란 '자신을 어떻게 평가하는가'를 말한다. 즉 자신을 높게 평가하는지, 낮게 평가하는지에 대한 레벨을 의미한다. '자기를 사랑하는 정도'도 맞다."

최근 베스트셀러로 자리매김한 『자존감 수업』에 나온 말이다. 스스로를 높게 평가하거나 자신을 사랑하기 위한 조건 하나를 뽑자면 나는 주저 없이 '양심'을 뽑는다. 양심만큼 자신을 바로 세우는 게 없기 때문이다.

하지만 하루라도 취업에 성공하고픈 청년들에게 양심을 따르며 행동하기란 그리 쉬워 보이진 않는다. 취업포털 잡코리아가 취준생 665명을 대상으로 '자소서 허위 작성'에 관해 설문조사를 실시했다. 그 결과 82.9%의 취준생이 자기소개서에 '거짓을 쓴 적이 있다'고 대답했다. 자기소개서에 거짓을 쓴 이유를 살펴보

면 '좀 더 깊은 인상을 주기 위해(38.5%)'라는 의견이 가장 많았고,
지원하는 직무/기업과 연관성을 찾지 못해서(31.4%), 남들도 그
만큼은 한다고 해서(23.2%) 등이 뒤를 이었다. 그렇다면 거짓으
로 쓰고 죄책감을 느꼈을까? 59.7%로 과반수가 죄책감을 느끼지
않았다고 대답했다. 안타깝지만, 최악의 취업난이 청년들의 양심
마저 위협하고 있는 것이다.

최근 모 신문기사가 세간의 관심을 모았다. 44년 전 550원짜
리 기차표 한 장을 훔친 여고생이 60대가 되어 1000배로 갚았다
는 사연이 담긴 편지가 소개된 것이다. 이 사연은 대구 구미역에
서 근무하는 역장이 한 여성으로부터 받은 현금 55만 원과 편지
가 담긴 봉투를 언론에 공개하면서 세상에 알려졌다. 여기에 그
편지의 전문을 옮겨본다.

'저는 61세 여성입니다. 44여 년간 빚진 것을 갚으려 합니다.
아니 훔친 것이라 하면 더 적당합니다. 44여 년 전에 저는 대신역
에서 김천역으로 기차 통학을 했습니다. 그때 한 달 간의 기차 통
학 패스값이 550원쯤으로 기억이 되는데 제 기억이 맞는지는 모
르겠습니다. 월말이 되면 다음 달 '기차통학 패스'를 끊으려 역원
사무실로 들어가서 돈을 내고 다음 달 패스를 발부 받습니다. 마
침 직원분이 패스를 끊어주시다가 손을 씻으러 간 사이에 저는

순간 욕심에 끌려 그 밑에 있는 패스를 한 장 더 떼 왔습니다. 저는 그 순간이 너무 후회스럽고 부끄러웠습니다. 오랫동안 양심에서 지워지지 않았는데 1000배로 갚아도 모자랄 것 같지만 이제라도 갚게 되어서 참으로 다행입니다. 양심 고백입니다.'

44년이 지나고서 극적으로 양심 고백한 60대 여성의 편지는 양심에 어긋났던 행동이 스스로를 얼마나 구속하는지를 여실히 보여준다. 그리고 구속으로부터 자유로워지는 방법은 다름 아닌 양심의 소리를 따르는 것이라고 말해주고 있다. 누군가는 '사람은 스스로의 양심에 봉사함으로써 자유인이 될 수 있다'고도 말했다. 그것만이 마음 한편을 끊임없이 짓누르는 짐으로부터 자유로워질 수 있다는 뜻일 게다.

양심과 관련해 나에겐 아픈 기억이 있다. 노동조합 간부 시절의 일이다. 처음 해본 일이었지만 정말 후회 없이 해보고 싶었다. 그런데 주변의 상황이 녹록치가 않았다. 당시 정권의 노동정책은 일방적이고 비정상적이기까지 했다. 민주적인 대화와 합의를 기대하기 어려웠다. 국책은행이었던 나의 조직은 정부정책 수행 요구에 첨병으로 나서곤 했는데, 정상적인 노사관계를 유지할 수 없을 지경까지 이르게 됐다. 그 정점이 떠들썩했던 성과연봉제 도입 사건이었다.

당시 회장을 비롯한 일부 경영진은 대우조선해양의 부실로 은행이 위기에 처할 수 있으니, 정부 지원을 받기 위해서라도 정부가 밀어붙이는 성과연봉제 도입을 할 수밖에 없다고 주장했다. 그러나 직원들 대다수와 노조는 대우조선해양 부실 문제가 직원들의 성과연봉제 도입과 무관하고, 부실문제의 원인은 도리어 정부정책에 실패한 관료들과 거수기 역할만 해온 경영진에 있다는 것으로 팽팽하게 맞섰다. 노사 간의 대화를 더 이상 기대할 수 없었는지 아님 정권의 압박으로 조급해졌는지 보다 못한 금융당국은 회장에게 어떻게든 제도 시행을 강행하라고 주문하기에 이른다.

2016년 5월 11일 오후, 회장은 약속이나 한 것처럼 화상회의로 전국의 모든 부점장들에게 '성과연봉제를 왜 도입해야 하는지'를 알렸다. 그곳에는 5급 행원들을 제외한 책임자급의 직원들이 자리하고 있었다. 그리고 그들 앞엔 모두가 볼 수 있는 서명동의서가 놓였었다. 한동안의 침묵은 곧 괴로움으로 바뀌었다. 윗사람부터 성과연봉제 도입에 찬성한다는 동의서에 사인을 하고 무언의 압박과 함께 직원들에게도 순차적으로 돌려나갔던 것이다.

같은 시간, 노조사무실엔 직원들의 문자와 사내 메신저의 쪽지가 쇄도했다.

'부장님과 팀장님이 저희를 불러서 사인을 강제로 요구하고 있

어요. 도와주세요!'

　정상적인 노사관계는 무너지고 개인의 선택권마저 부정되는 사상 초유의 일이었다. 어느 순간 부장, 팀장을 비롯한 대다수의 상급자들은 후배들의 안위보다 상부로부터 내려온 지시에 맹목성을 띄기 시작했다. 나를 비롯한 노조 간부들은 인권이 유린되는 수많은 현장을 찾아가 미친 듯이 중단시키고 경영진 앞 성토를 했다. 그러나 전국적이며 계획적으로 일어난 일에 노동조합의 저항은 속수무책으로 무너졌다. 21세기를 살고 있는 지금 세상에 있을 수 없는 일들이 눈앞에서 일어났던 것이다. 지금도 돌아보건대 노조 간부를 하는 동안 그날만큼 힘들고 정신이 황폐했던 순간은 없었다. 그날의 현장은 아수라장이었다. 상하급자 간의 불신과 반목, 그리고 인권유린이 지행된 현장들. 시간이 지나서도 그날의 일을 누구도 꺼내기가 쉽지 않다.

　사실, 책에서 이 일을 언급해야 할지 말아야 할지 고민이 많았다. 조직의 민낯이면서 이로 인해 선량한 직원 누군가가 혹시라도 피해나 상처를 받을 수 있어서다. 하지만 역사를 망각한 민족에겐 미래가 없듯이 내가 사랑하는 조직에서 일어난 이 가슴 아픈 일들은 다시는 일어나지 말아야 한다. 그 간절한 마음에 나는 글을 쓰기로 결심했다.

"월급이 내 밥줄이고, 힘없는 직장인이라면 그런 상황에선 어쩔 수 없는 거 아니야? 위에서 시키는 걸 무슨 재주로 반대하냐고?"라며 누군가는 강변할 지도 모르겠다. 그만큼 양심을 따르는 삶이란 결코 쉽지 않다는 반증이다. 비도덕적이라도 '좋은 게 좋은 거라고' 검은손과 타협하고, '나만 바보처럼 살 필요 없잖아' 하며 양심의 가책보단 눈앞의 실리를 따져 사는 것이 도리어 인정받는 사회이니 말이다. 그렇다고 마음의 빚이 탕감되지는 않는다. 앞서 양심 고백한 60대의 여성처럼 마음 한편을 끊임없이 짓누르는 짐이 될 뿐이다.

나 역시 양심은 내면의 목소리와 진배없음에도 불구하고 양심의 가책에 마음만 조금 불편하고 말뿐 남의 시선을 더 신경써왔음을 고백한다. 각박한 시대를 살고 있는 수많은 청년들 역시 녹록치 않은 삶의 문턱 위에서 자꾸만 양심에 반하는 유혹에 휩싸이고 있다. 하지만 이것이야말로 자신을 기만하는 행동이다.

우리 몸은 체온을 36.5℃로 설정하고 유지한다. 그러나 장시간 추운 환경에 몸이 노출되면 체온이 35℃ 이하로 떨어져 여러 문제가 발생하는데, 이를 '저체온증'이라고 부른다. 허기와 함께 졸림 현상이 오는 것이 특징이다. 이때 잠들면 위험하다. 끊임없이 스트레칭을 하여 혈액순환을 원활하게 해야 한다. 이 시대의 청년들이 느끼기에 세상은 힘들고 추운 곳이다. 그래서인지 '남들도 다 하니까'라는 달콤한 유혹에 눈꺼풀이 내려앉으며 서서히 졸려오는 것만 같다. 그러나 졸음에 굴복하면 위험에 빠지고 만다. 나를 가장 강력하게 바로 세우고 자신을 진심으로 사랑하게 하는 그것, 바로 양심을 따르며 끊임없이 깨어나길 애써라. 그래야만 내가 강해진다. 윤리학의 대표적인 철학자 에픽테토스는 이렇게 말했다.

"세상에서 가장 강한 것은 양심이다. 양심이 약하면 인간도 약해진다. 많은 양심을 보존함으로써 인생을 가장 강하게 살아나갈 수 있다는 점을 사람들은 너무도 생각지 않고 있다."

잘못은 그들이 했는데, 왜 고개를 숙여?

· · · · · · · · · ·

사회초년생 김 씨(29)는 입사 후 2년을 채우지 못하고 사표를 냈다. 살인적인 업무량에 몸과 마음이 모두 지쳐서였다. 매일 12시간 이상 일을 했지만, 해도 해도 끝이 없었고 심지어 업무에 쫓기기까지 했다. 일주일에 세 번꼴로 회식 자리가 이어졌고, 휴일도 반납하며 출근하는 날도 잦았다. 김 씨는 "제대로 쉰 적도 없이 일에 치여만 살았다. 특히, 상사의 지시엔 어떠한 의견 개진도 없이 무조건 일 처리만 했었다. 그런데 내겐 남은 건 우울증과 대인기피증뿐이다."

그는 지금 회사를 그만두고 수개월간 지인들의 연락마저 피하고 있다. 스스로를 초라한 실패자라며 한없이 자존감을 깎아 내리고 있는 김 씨. 당분간 재취업을 하기엔 힘에 부쳐 보인다. 아무것도 준비된 건 없이 상처만 남았다는 그는 다가올 30대가 두렵기만 하다.

직장생활에서 적당한 업무 스트레스는 일의 활력을 높이고 자기계발의 원동력이 될 수 있다. 그러나 김 씨의 경우처럼 지나친 업무량과 복잡한 대인관계로 생긴 스트레스를 제대로 처리하지 않으면 몸과 마음을 해치게 된다. 이런 일이 어디 사회초년생인 김 씨뿐일까? 정도의 차이는 있겠지만 경쟁에서 낙오되지 않기 위해 원치 않는 대인관계에 휘둘리거나, 스펙 쌓느라 정신없는 청년들도 상황은 마찬가지이다. 왜 이들은 스스로의 존엄성과 자존감을 지키는데 단호하지 못했을까?

1969년 충남 천안고등학교 국어시간. 검정색 교복을 입은 학생들이 군인 같은 자세로 국정 교과서를 펼쳤다. 선생이 모윤숙 시인에 대해 소개할 때였다. 한 학생이 손을 번쩍 들며 외쳤다.

"선생님, 모윤숙은 친일파입니다!"

학생의 느닷없는 외침에 선생의 얼굴이 일그러졌다. 그건 발언이 아니라 도발이었으니까. 대한민국예술원상과 국민훈장, 모란장을 받은 최고의 여류 시인을 친일파라니…. 학생에게 일격을 당한 선생이 삿대질을 하며 소리 질렀다.

"너, 이리 나 와!"

교실이 얼어붙었다. 충격을 받긴 학생들도 마찬가지였다.

"쟤가 미쳤나봐. 왜, 이상한 소리하고 그래!"

그의 발언을 이해하는 사람은 교실에서 아무도 없었다. 그는 그 순간 완벽한 왕따가 됐다. 선생 앞에 서자마자 손바닥이 날아왔는데 얼마나 세게 맞았는지 고막이 울렸다.

"야, 이 ××야. 모윤숙 시인이 친일파라고? 너, 미쳤어? 수석으로 입학한 놈이 공부는 안 하고 꼴통들과 몰려다니지 않나. 이상한 서클에 들어가지를 않나. 야, 너 요즘 왜 이래!"

뺨 맞은 것은 참을 수가 있었다. 하지만 뺨을 맞았다고 진실을 외면할 순 없었다.

"선생님, 모윤숙은 친일파가 맞습니다."

손자국으로 뺨이 붉어진 학생이 의분에 찬 목소리로 다시 외쳤다.

이 내용은 2016년 8월 「오마이뉴스」에 게제된 '"모윤숙은 친일파" 외쳤다가 뺨 맞은 고교생, 교육감 됐다'라는 기사 제목의 일부분이다. 뺨을 맞았던 그는 기사 제목대로 '뺨 때리는 꼰대가 아닌' 진실을 가르치는 교육감이 되었다.

선생의 폭력 앞에 의분에 찬 목소리를 외치진 못했지만 의미 있는 경험을 한 적이 있다. 내가 다닌 곳은 사립재단의 고등학교였다. 어느 날, 어머니께서 보충수업비를 낸 게 언젠데 여태 영수증을 가져오지 않느냐고 물으셨다. 그날도 여느 때처럼 담임선생님 조회를 끝마치고 우리 반 학생들을 쭉 둘러보셨다.

"질문 없지?"

"선생님, 보충수업비 영수증 안 주시나요?"

문제는 그 순간 발생했다. 담임선생님의 얼굴이 갑자기 붉어지면서 말씀하셨다.

"이도권, 교무실로 따라와."

왜 그러시는지 어안이 벙벙했지만 일단 선생님 따라서 교무실로 향했다. 진짜 불행은 교무실로 들어서자 발생했다. 더 악명 높은 영어선생님까지 있었던 것이다. 그분들은 나를 두고 이렇게 말했다.

"저놈, 뭘 잘못했어?"

"아니, 내가 보충수업비를 떼먹고 영수증을 안 준 것처럼 묻더라고. 애들 앞에서 쪽팔리게."

그렇게 구타가 시작됐다. 수차례 뺨을 맞으며 나는 어떠한 저항도 못했다. 너무 심하다보니 그 영어선생님마저 담임을 말리는 상황까지 치달았다. 너무 어이가 없어서 눈물도 나지 않았다. 그저, 폭력의 두려움 앞에 잔뜩 움츠리며 심장만이 두근두근할 뿐이었다. 그 일이 있고 나서부터였을까? 담임과 영어선생님은 내 눈빛을 피하기 시작했다. 제대로 된 사과는 없었다. 고등학교 친구들에게 난, 일탈 한 번 없었던 착실한 학생이었다. 그러나 그들은 나를 문제아로 보기 시작했다.

그러나 반대급부도 적지 않았다. 억울했기에 비이성적인 행동을 한 그 사람들을 나는 용서하지 않았다. 그 일이 있고서 그들을 쳐다보는 나의 눈빛은 반항적이 됐다. 그래서인지 두 사람 모두 졸업할 때까지 나를 피하는 태도로 일관했다. 수업시간엔 나를 건너뛰고 질문하거나, 내 눈과 마주치려 하지 않았다. 그들의 진짜 속뜻이 무엇이었는지는 나는 모른다.

이 경험은 자랑할 것도 아니고 대단한 건 더더욱 아니다. 하지만 우울하거나, 아픈 기억으로만 남는다면 그 아픔은 평생 트라우마가 되어 자신을 괴롭힐 것이다. 당신이 잘못하지 않았는데, 당신을 존중해주지 않은 무리들이었는데 왜 피해를 입어야 한단 말인가? 그것만큼 자신의 자존감을 낮추는 일이 없다. '뺨을 맞으면서도 진실을 이야기하려 했던 의로운 용기'나 '정의롭지 못했던 그 사람들의 눈이 마주칠 때마다 꼿꼿하게 쳐다봤던 내 눈빛'을 통해 말하고픈 메시지는 단순하다.

잠시 자신의 과거 모습들을 꺼내보자. 수능 하나를 보기 위해 12년을 공부했다. 나다움이 무엇인지 탐색하기는커녕 사회가 정해놓은 성공이라는 굴레에 불나방처럼 모였던 대학생활은 또 어떠했는가? 사회에 나왔더니 '안정적인 삶'을 위해선 어떤 위험이나 모험도 감행할 수 없다고 정의 내려버리지는 않았는가? 그렇다. 우리는 자신의 생각이나 의견마저 밝히지 못하는 세상에서 살고 있다. 경쟁에 지쳐 있기도 하지만, '모난 돌이 정 맞는 것'처럼 굳이 더 피곤한 삶을 선택할 필요가 없기 때문일지도 모르겠다. 그러나 그것은 자신을 사랑하는 자세가 아닐 뿐더러, 서두에서 언급한 김 모군의 사례처럼 몸과 마음마저 해칠 수 있다. 위선적인 자신을 방치하는 데 자존감이 높아질 리가 있겠는가.

아인슈타인의 '어제와 똑같이 살면서 다른 미래를 기대하는 것은 정신병 초기 증세다'고 말했다. 세상엔 공짜가 없다. 자신을 진정으로 표현하고 보호하는 길은 상황 회피가 아닌 변화를 맞닥뜨리려는 용기를 내는 것이다. 생각이 가슴이 시키는 일과 일치하고 그것이 행동으로 표출된다면 더 이상 남의 말에 복속될 이유가 없다. 웬만해선 흔들리지 않는 강력한 자존감이 만들어진다.

우울증과 대인기피증으로 힘들어하는 사회초년생 김 씨의 사연이 주는 메시지는 분명하다. 스스로의 존엄성과 자존감을 지키기 위해선 최소한의 저항이라도 단호하게 시도해야만 한다. 결과보다 시도했던 그 한 줌의 용기를 감싸주고 키워내라. 작은 불씨처럼 켜켜이 쌓여 언젠가는 내 안의 '작은 혁명'을 일으킬 단초가 될 것이다. 그 심지는 불이 붙기만을 기다리고 있을 뿐 절대 젖어 있지 않다. 나를 지키는 삶, 그 해답은 가슴이 시키는 대로 행동하는 한 줌의 용기에 있다.

내 것이 채워진 뒤에 남을 바라보자

"한국의 젊은이들이 꿈을 쫓게 만들려면 어떤 개혁이 필요한가
요?"

연세대를 설립한 언더우드가의 4대손인 피터 언더우드에게 한
기자가 물었다. 그는 기자의 질문에 이렇게 답했다.

"개혁, 혁신 같은 것들을 자꾸 정부나 대통령에게 요구하는데,
변화를 만들려면 마인드를 바꿔야 해요. 대통령이 새해에 몇 가
지 골라 개혁한다고 해서 문제가 해결되진 않아요. 오늘 내가 바
꾸면 변화가 시작되는 겁니다. 변화의 권한은 우리 모두가 갖고
있어요. 무엇보다 가장 큰 책임은 부모들에게 있습니다. 부모들
이 자녀들에게 좋은 학교 가고 대기업에 취업하라고 얘기해요.
모두 똑같은 생각뿐이고, 똑같은 방향만 봐요. 같은 길로 안 가면
내 이웃이, 내 동료가 나를 저평가한다고 생각해요. 나의 행복한

생활이나 시간보다 남들이 날 어떻게 보느냐에 더 신경 쓰는 거
죠. 그러니까 한국인의 행복감도 낮아요."

그의 생각에 전적으로 동의한다. 그의 말에 살을 좀 더 붙이자
면, 세상의 변화는 내 것을 우선 채워야만 이뤄질 수 있다는 점이
다. 잠시 나의 최근 일상을 공개해본다.

창문을 여는 작은 소리에 15개월된 둘째 딸은 울음과 함께 서
서히 일어섰다. 몇 번 뒤척이다 이내 잠드는 아이였기에 잠시 나
는 행동을 멈췄다. 다시 잠들길 바라면서 말이다. 하지만 아이는
칭얼거리며 방에서 이미 걸어 나오고 있었다. 더 이상의 밀당은
의미가 없어 보였다. 아이를 한껏 안아주며 잠시나마 부녀만의
대화를 나눴다. 그런데 시간을 보니, 6시 반. 미세먼지 없는 깨끗
한 공기를 보니 '런닝'의 욕구가 치솟는다.

"아빠가 너희들하고 즐거운 시간을 보내기 위해서라도 잠깐 뛰
고 와야겠어. 그러니 아빠가 운동하러 가더라도 울지 마."

아빠가 도대체 무슨 말을 하는 지 이해는 하지 못한 얼굴이다.
여하간 나는 아무렇지 않은 듯 아이와 놀아주면서 은밀하게 운동
복으로 갈아입었다. 아이라고 깔보면 안 된다. 아빠의 행동을 유
심히 쳐다보면서 자신을 두고 밖을 나간다는 느낌을 똑소리 나게
알아맞히기 때문이다. 하지만 나 역시도 런닝의 욕구를 포기할
수 없었다. 결국, 아빠가 떠난 뒷모습을 처량하게 쳐다보다가 현

관문 앞에 주저앉아 울어버린다. 물론 이 모든 상황을 가수면 상태로 듣고 있던 아내는 아빠가 가고 난 자리를 대신해야 함을 본능적으로 알고 있었다. 아이의 울음소리는 1층을 내려가는 승강기 안까지 들렸다.

'미안해. 금방 다녀올게.'

그렇게 시작한 아침의 조깅은 너무나 상쾌했다. 아파트 단지마다 연결된 산책로를 뛰며 기분 좋게 땀을 흘렸다. 집에 돌아와 보니 둘째 아이는 예상 외로 혼자서 꼼지락꼼지락 잘 놀고 있었다. 미안함이 줄고 즐거움이 들어섰다. 샤워를 후다닥 해치우고선 어젯밤 아내가 해놓은 아이 밥을 펐다. 아이는 유아용의자에 앉는 것이 싫다며 떼를 썼다. 아이를 데리고 방으로 들어갔다. 다만 문은 잠그고 이 공간에서만 놀면서 밥을 먹자고 말했다. 역시나 다 이해는 못했으리라. 15개월 된 아이에게 밥은 의자에 앉아서 꼭 먹어야만 한다는 압박보다 본인이 즐거울 정도의 식사할 환경만 만들어 준다면 그것 또한 나쁘지는 않아 보였다. 아빠를 존중한 듯 보였기에 나도 아이의 기호를 존중하고 싶었다. 그러다보니 밥 먹는 시간도 웃음이 많아진다. 육아휴직의 의미를 나름 찾게 되는 순간이다.

식사 후엔 어제부터 쌓여 있는 그릇들을 설거지하기 시작했다.

나는 아내에게 가사 분담을 서로 좋아하는 것 위주로 나누자고 제안했다. 나에게 설거지는 가사일 중 가장 힘들지 않는 일이었다. 다행히 아내는 설거지를 그렇게 좋아하지 않았다. 뭔가 닭고기의 퍽퍽한 살과 부드러운 살의 절묘한 조합이라고나 할까. 가볍게 설거지를 마치고 아내에게 말했다.

"나, 커피숍 가서 두세 시간 정도 책 좀 쓰고 올께."

아내는 흔쾌히 수용했다. 그리고, 고개를 잠시 들면 초록의 풀과 소나무가 보이는 멋진 커피숍에 도착했다. 두 딸과 아내가 있는 집으로부터 잠시 벗어나 글을 쓰는 호사를 누리고 있는 것이다.

밤낮으로 틈틈이 책을 쓰던 당시, 첫째 딸과 나눈 대화가 생각난다.

"아빠, 책을 왜 쓰는 건데?"

"좋은 아빠가 되려고."

딸은 다행히 이해를 해주는 것 같았다. 일단 그렇게 이야기하고 나는 밖을 나서야 했다. 부작용이 있다면 누군가가 '아빠 뭐하는 사람이야?'라고 물으면 '은행원'이라고 하지 않고 '책 쓰는 사람'이라고 한다는 것뿐이다. 육아법을 말하고자 이 글을 쓴 건 아니다. 가족도 중요하지만 내가 있고서 가족이 존재함을 일상을 통해 이야기하고 싶었다.

둘째에게 한 "아빠가 운동을 하고 나면 기운이 넘쳐서 너희들 하고 더 재미있게 지낼 수 있어"라는 말과, 첫째에게 한 "좋은 아빠가 되려고 책을 쓰는 거야"라는 말에는 공통점이 있다. 운동을 통해선 상쾌함과 건강함을, 책을 통해선 평소 생각에만 그쳤던 자아실현을 함으로써 내 것들이 긍정의 기운과 함께 우선적으로 채워진다는 점이다. 그렇게 채워진 긍정적 기운은 이내 흘러넘쳐 자연스레 딸들에게 전달된다. 나는 이런 구조를 믿는다.

그러나 이를 두고 이기적이다, 자기 중심적이라고 말하는 주변의 시선에서 자유롭지 못할 수 도 있다. 알고 보면, 주변의 시선이란 내가 만든 허상일 뿐 그들은 나에게 큰 관심도 없다. 주변 사람들은 자기 인생을 살기에도 바쁘다. 『나는 뻔뻔하게 살기로 했다』 저자 시버리는 이를 명쾌하게 정리해주고 있다.

'자존감 또는 긍정적인 자기 존중이란 나로부터 시작되어 타인에게 전파되고 흡수되는 따뜻한 자기애에서 비롯된다. 자기중심적으로 살아서는 안 된다는 이 사회의 관습적 의무에 저항하면서, 자신의 삶을 구축하고 있는 것들을 최우선적으로 사랑하는 일, 진정한 자존감 또는 긍정적 자기 존중은 바로 이것에서 출발한다.'

사실 '자기 것'을 가장 잘 챙기는 것은 두 딸들이다. 첫째는 자신의 것을 지키기 위해 동생이 한 번이라도 장난감을 만지려고 할라치면 매몰차게 나무란다. "이건 내 거야" 하고서 말이다. 아직 말을 못하는 둘째 역시 자신의 마음에 들지 않으면 온몸을 뒤로 드세게 젖힌다. 자신이 원하는 것을 해달라고 강한 몸짓으로 의사표시를 하는 것이다. 어른이나 아이나 자신이 원하는 것을 최우선시함으로써 갖는 만족이 가장 큰 행복감을 주는 것은 당연하다. *시버리의 말처럼 '자신이 원하는 것을 선택하는 것' 자체로 자존감을 높이기 때문이다. 괜히 주변의 시선에만 신경 쓴 나머지 모두가 고달파지는 선택을 하지 않아야 한다.*

누군가는 지금 번듯한 직장에 화목한 가정도 있으니 가능한 이야기지 않느냐고 이야기할 수도 있다. 하지만 내 인생에서도 추운 겨울이 있었다.

백수 시절의 일이다. 해외 인권단체 인턴 경험 등 독특한 활동으로 단과대학에서 꽤나 유명했던 나는 '저 선배는 졸업할 때쯤엔 뭔가 할 거 같아'라는 시선을 즐기며 달콤한 시절을 보냈었다. 그랬던 내가 어떤 회사도 선택하지 못한 채 졸업을 하게 된다. 사회적 통념상 '백수'였다. 그 시절, 가장 힘들었던 건 주변 사람들이 툭 던지는 말이었다.

"선배, 요새 뭐하세요? 공부? 아, 그렇구나."

"너 요새 공부하니? 학교 다닐 때나 제대로 하지. 이제 와서 무슨 공부냐?"

"너랑 그쪽은 잘 안 어울리는 거 같은데."

이런 말들을 들을 때마다 내 마음은 속절없이 휘청거렸다. 심지어 며칠 동안 마음을 괴롭혔던 적도 있었다. 그제야 알았다. 나라는 사람이 남의 시선에 얼마나 매여 사는지를. 말 한마디에 유리알처럼 너무나 쉽게 깨져버렸다. 이후로 난 대인기피증이란 게 이런 게 아닐까 싶을 정도로 사람 만나는 것 자체가 힘들었다. "너 백수야. 그렇게 특별한 척하더니 너도 별거 없는 놈이네"라고 그 누구도 이렇게 말하지 않았지만, 자존감이 낮아질 대로 낮아진 나는 부정적인 말들을 너무나 쉽게 받아들이고 있었다. 이렇게 가만히 있다가는 내 인생이 통째로 사라지는 건 아닐까 두렵기까지 했다. 정신을 차리고 중심을 잡아야만 했다. 그래서 나에게 물었다.

'지금 이 선택은 누가 했지?'

누구도 아닌 바로 나다. 어디든 붙기 위해 입사원서를 쓰고 싶지는 않았다. 나의 이상과 주어진 현실에 부합하는 회사에 도전하기 위해 '백수'를 선택했다. 어느 누구에게도 휩쓸리지 않았고 극적이진 않았지만, 다행히 스스로를 위축시키고 감정을 어지럽히던 일들을 서서히 그만두게 됐다. 내가 선택했으니, 그 결과의 책임을 감당하면 될 일이었다. 누군가로부터 손가락질 받는 것에 감정이 파도칠 일도 아니었다. 내 선택은 그들의 '지적'대로 이뤄진 게 아니었으니까. 내 안의 나를 깊이 이해했기에 나올 수 있는 판단이었다. 미국 TV계의 가장 큰 아이콘인 프레드 로저스 역시 이렇게 말했다.

"원하는 모든 것을 가지기에 인생은 짧다. 그렇기에 선택을 내려야 하는 것이다. 당신의 선택이 내가 진정 누구인지에 대한 깊은 이해와 느낌에 기반을 두었기를 희망한다."

지금 와서 돌이켜봐도 당시 내적갈등을 잘 이겨내 준 나에게 무척 고맙다. 과잉감성에 치닫던 나를 멈추게 하면서 왜 그런 선택을 해야만 했는지를 근본적으로 고민하게 했기에 더욱 값진 일이었다. 남들의 시선으로부터 나를 버티게 한 것 역시 바로 그러한 것들로 내면을 채웠기에 가능했다. 시련과 역경이 닥칠수록 자기애를 통한 자기존중이 절실하다. 그 과정에서 '나는 왜 이 모양이지?' 같은 부정의 싹은 틔우는 것보다 자신의 행동과 선택이 어디서부터 시작되었는지를 끊임없이 묻고 쫓아야만 한다. 만약 그 질문의 답이 나를 위하고 나를 지키는 선택이었다면, 시련을 버티는 힘이자 자존감을 떠받치는 힘이 된다.

두 딸에게는 아빠로서 내가 존재하지만 그에 앞서 '나 자신'이 있었다. 수도 없이 흔들렸던 백수 시절에 나를 붙잡아줬던 건 다름 아닌 '누구를 위해서가 아닌 나를 위해서 선택한 길'을 확인하고부터다. 지금도 주변 눈치에 무엇이 진정 나를 위한 것인지 알지 못하는 수많은 청년들에게 말해주고 싶었다. 내 것을 채우고 남을 바라보라. 어느 랍비가 말했다.

"내가 나를 위해주지 않는다면 누가 그래 줄 것인가?"

마음을 돌보는 일만큼 중요한 일은 없다. 특히, 상처 받거나 바닥을 치고 있는 자존감을 회복하는 가장 빠른 방법은 내 마음을 살피는 데에 있다. 마음을 살핀다는 것은 무엇인가? 마음에게 말을 거는 것이다. 이때 도구는 셀프퀘스천이 되어야 한다. 다만, 자존감 형성에 '독'이 되는 질문이 아닌 '득'이 되는 쪽으로 물어야 한다. 그 비밀은 다음과 같다.

1단계 : '모든 것은 내가 하기 나름이다'라고 끊임없이 자신에게 말하는 습관을 들여라.

2단계 : 어려운 상황에 빠졌을 땐 '판을 바꾸는 질문'을 던져라.
(흙탕물을 일으키는 작은 물고기가 아닌, 고요하게 나를 바라는 큰 물고기가 되어라.)

3단계 : 흔들리거나 유혹에 이끌릴 땐 양심의 소리에 따르라.
(양심의 소리는 내면의 소리와 진배없다.)

4단계 : 당신의 존엄성과 자존감을 침해한 것이 있다면 그것에 저항하고 지켜내라.

5단계 : '내가 나를 위해 주지 않는다면 누가 그래줄 것인가?'를 끊임없이 상기하라.

자존감 형성에 '독'이 되는 셀프퀘스천	자존감 형성에 '득'이 되는 셀프퀘스천
• 지능지수도 떨어지는 내가 무엇 하나 제대로 하겠어? • 저건 나에게 괜히 저러는 거겠지?	• 나도 해낼 수 있지 않을까? • 나는 지금보다 변화하고 성장하고 싶은가?
• 난 왜 부모님의 사랑을 받지 못하는 걸까? • 부모님은 왜 나를 소홀하게 대하는 걸까?	• 이런 상황은 매번 겪어야만 할까? • 앞으로 나는 어떻게 할까?
• 남들도 하는데 나만 바보처럼 살 순 없잖아? • 위에서 시키는 걸 무슨 재주로 반대하냐고?	• 마음속 목소리는 양심의 소리인가? 나는 양심의 소리를 쫓고 있는가?
• 이런 날도 언젠가는 지나가겠지 하면서 그냥 버티는 게 낫지 않을까? • 모난 돌이 정 맞는다는데 굳이 더 피곤한 삶을 선택할 필요가 있을까?	• 잘못은 그들이 했는데 내가 고개를 왜 숙여야 하지? • 지금의 행동은 내 가슴이 시켜서 하고 있는가?
• 남들이 나에게 이기적이고 자기중심적이라고 하면 어쩌지? • '너 백수야, 그렇게 특별한 척하더니 너도 별거 없는 놈이네'라고 말하는 것 같은데?	• 내 것을 최우선적으로 생각하며 살고 있는가? • 지금의 선택은 누가 했지? • 이 선택은 누구를 대신하는 것이 아닌 진정 나를 위해 선택했는가?

02

얼마나 바쁜가가 아닌 무엇에 바쁜가?
_강점 연마

이러려고 공부했나 자괴감만 듭니다

한국 청년들의 대부분은 대학 문턱을 넘기까지 정해진 트랙 위를 경주마처럼 달리기만 하면 된다고 세뇌 당한다. 놀고 싶은 욕구나 자유로운 행동도 사회낙오자가 되지 않기 위해선 절제해야 한다고 강요받는다. 전 세계적으로 어릴 때부터 대학 입학을 성공과 실패의 잣대로 보는 나라는 우리나라가 유일할 듯싶다. 이런 수행의 시간을 거쳐 대학에 입학한 청년들에게 '내가 진정 뭘 원하는지', '어떻게 살아야만 제대로 사는 건지'를 묻는다는 것은 어불성설이다.

사실, 그렇게 질문하는 법을 누구도 가르쳐 주지 않았다. 그저 주어진 질문에 정해진 답만을 찾으라고만 했을 뿐이다. 그런 그들에게 스스로 질문하고 답을 찾아가는 과정은 어쩌면 어려운 수학문제풀이보다 더 난해하고 혼란스러울지 모르겠다. 서서히 마음속 불만으로 쌓여만 가는데 주변은 '한눈팔지 말라'며 왔던 길처럼 정해진 길대로 따라오길 요구한다. 대학 시절의 내 모습이 꼭 그랬다.

　대학에 입학한 나는 매일 저녁 술자리에 나갔다. 과모임이나 동아리모임이 있는 날에는 혹여나 있을 이성친구와의 '썸씽'을 기대해 보기도 하고, 그렇지 않으면 친구들과 연예인 이야기나 하면서 밤을 새웠다. 당연히 다음 날 수업은 빠지기 일쑤였다.

　대부분 그렇게들 지내지 않느냐고 반문할지 모르겠다. 그런 '대부분'에 '나'는 이제 그만하고 싶다는 생각이 어느 순간 들기 시작했다. 무엇이 문제였을까? 이 상황에서 벗어나고 싶은데 친구들과의 관계가 수원해질까 두려웠고, 알 수 없는 내면의 불만을 야무지게 따져 묻기엔 단호함이 부족했다. 어디로 가야 할지, 어떻게 해야 할지 방향도 정하지 못한 채 혼란은 점차 커져만 갔다. 놀고먹는 대학생의 특권이 이젠 부담으로 다가왔다.

　그렇다고 내 생활이 딱히 나아지는 것도 아니었다. 알 수 없는 불만들이 쌓여가고 그로 인한 내면의 불만들은 점점 세차게 삐져 나오는 것만 같았다. 몸은 성인인데 정신은 아직 사춘기를 겪는 것처럼 정체성의 혼란에 끙끙거렸다. 수년간의 입시 감옥으로부터 자유를 쟁취한 대학생이 되었지만 그 '자유'가 뭔지 정확히 몰랐다. 변화 의지는 꿈틀거리는데 어디서부터 무엇을 해야 하는 건지 알 길이 없었다. 그렇게 대학생활의 환상은 서서히 사라졌다.

그랬던 나에게 마음속 불만을 끄집어낼 기회가 왔다. 바로 25살 늦가을에 떠났던 5개월간의 스리랑카. 그곳은 조급하거나 바빠야 할 이유가 없었고, 신경 써야 할 시선도 없었다. 자연과 따뜻한 사람들이 주는 알 수 없는 기운들이 가득했다. 그 시절 '나는 앞으로 어떻게 살아야 할까?', '나는 어떤 사람일까?'라는 질문을 서슴없이 했었는데, 그때서야 마음의 불만이 곧 내면의 목소리였음을 알아차릴 수 있었다.

이때의 경험은 내 인생의 전환점이 되었다. '취업(就業)' 즉 '업을 이루다'는 뜻이다. 나를 깊숙이 탐색하지 않고선 무엇이 나에게 맞는 업인지 알기 어렵다. 그런데도 나를 비롯한 대다수 대학생들의 발걸음은 바쁘기만 했다. 자아 탐색은 인문서적에나 있을 뿐, '번듯한 업'을 먼저 갖는 것이 지상과제라고 여겼다.

그런 상황에서 나와 나를 탐색할 기회를 갖는다는 건, 사회부적응자 또는 위험한 도박을 하는 사람처럼 보였다. 하지만 역설적이게도 이 기회는 나를 폭발적으로 성장시켰다. 마음에서 외치는 목소리가 진짜 내 모습이었음을 확인한 순간이었다. 다른 사람들이 토익과 학점 등 스펙에 열을 올릴 때 내면의 자아를 만나는 '인생스펙'을 쌓았던 것이다.

젊은 변호사였지만 심리적 불안에 잠식돼 그 자리마저 뛰쳐나온 이가 있다. 『마음의 힘』의 저자 바티스트 드 파프의 이야기다.

'나는 법학전문대학을 졸업하자마자 세계 최고의 쟁쟁한 법률사무소에서 기가 막힌 제안을 받으며 스카우트되었다. 고용계약서에 서명만 하면 변호사로서 앞길이 창창하게 열릴 찰나였다. 그런데 문득 이런 생각이 들었다. 살면서 내가 진정으로 원한 것이 무엇이었을까? 내 목표가 무엇이었지? 내게 맞는 직업을 찾으려고 오랜 시간 공을 들였건만 막상 일류 법률사무소에 들어가서 전 세계를 돌아다니며 다국적 기업들의 거래에 조언할 생각을 하니 어쩐지 나와 어울리지 않는다는 생각이 들었다. 법대를 졸업하여 천금 같은 기회를 얻겠다고 그렇게 열심히 공부를 해놓고서 말이다. 갈피를 잡기 어려워지자 미래가 염려되기 시작했다. 대체 무얼 했어야 한단 말인가? 불안감이 깊어질수록 서서히 세상이 무너져 내리는 것 같았다.'

누구나 부러워할 만한 직장을 가졌음에도 알 수 없는 불안감으로 휩싸여 괴로워했던 그의 모습은 내가 느꼈던 내면의 불만과 다르지 않아 보인다. 다만, 그는 나와는 다른 방식으로 마음의 소리를 알아차리게 된다. 오프라 윈프리와 『삶으로 다시 떠오르기』의 저자 에크하르트 톨레가 자신의 책에 대해 대담하는 유튜브 동영상을 접하게 된 것이다. 오프라 윈프리는 대담이 시작되기 전 묵직한 한 마디를 내뱉는다.

"삶의 목적이 무엇인지를 깨닫는 것보다 중요한 일은 아무것도 없는 것 같군요."

그녀의 한마디는 그의 가슴을 심하게 요동치게 했다. 그동안 자신을 괴롭혔던 불안감이 *'삶의 목적을 깨닫기 위해 애쓰고 있었나?'*라고 자각하면서 말이다.

그 역시 이때의 경험이 자신의 의식과 삶의 방향마저 완전히 바꾸게 되는 인생의 전환점이라고 했다. 불현듯 찾아온 삶의 목적, 즉 자신을 사로잡은 마음의 힘을 탐색하기 위해 그는 결국 짐을 꾸리고 2년 동안 세상을 돈다. 그리고 운 좋게도 선도적인 영적 지도자와 과학자 그리고 다양한 문화권과 배경을 지닌 사상가 18명을 만나 대화를 나누게 된다. 그렇게 탄생된 책이 『마음의 힘』이다.

그에 반해 나는 삶의 목적은 무엇인지, 어떤 사람이 되고 싶은지 여전히 스스로 묻고 있다. 이 책은 그런 용도의 하나다. 동시에 인생의 두려움이 있을 때마다 질문의 힘을 통해 나를 바로 서게 했던 것처럼 내면의 불만이 쌓인 수많은 청년들에게도 도움이 되고 싶었다. 그것이 어쩌면 주어진 사명 같은 일이라 여겼다.

　주인 되지 못한 채 왜 바쁘게 사는지도 알지 못하는 수많은 청년들이여, 진짜 바빠야 할 것이 따로 있다. 마음속 불만을 끄집어내는 일이다. 정신없이 에너지를 흩뿌리지 말고 다른 어떤 것보다 바로 이것에 집중시켜야 한다. 나를 바라볼 수 있는 시간과 환경을 만들고, 그런 뒤에 마음속 불만에게 손짓하며 이제껏 알아보지 못해 미안하다며 어루만져주자. 그것만큼 자신을 단단하게 성장시키는 건 없다. 소설가 알랭드 보통은 한 강연에서 '우리는 고고학자처럼 자신을 연구해야 합니다'라는 말을 했다. 혜민 스님 역시 '삶에서 가장 중요한 것은 내 마음을 알아채는 일'이라고 했다. 내면을 탐색하는 일, 나만의 인생 스펙을 만드는 가장 강력한 강점임에는 틀림없다.

우리에게는 변화하고 성장하려는 본능적 욕구가 있다. 그럼에도 이를 애써 누르고 간과한다면, 마음속에는 불만이나 감정의 찌꺼기들이 남게 된다. (이게 가끔씩 터져 나오는 한숨의 원인이다.) 자신을 단단하게 성장시켜 인생스펙마저 만들어내는 방법은 다음과 같다.

1단계 : 마음속 불만이 무엇인지 바라보라.

(그러기 위해선 고요하게 나를 바라볼 수 있는 시간과 환경이 필요하다.)

2단계 : 마음속 불만을 찾았다면 밖으로 끄집어내라.

(적고 음미해보라.)

3단계 : 마음속 불만에게 손짓하며 이제껏 알아보지 못해 미안하다며 어루만져주라.

(마음속 불만은 내가 주는 사랑에 폭발적으로 반응할 것이다.)

미움 받을 용기? 하지 않을 수 있는 용기부터 가져라

최근 부쩍 방황해하는 청년들을 많이 본다. 한 20대 후반의 청년 이야기를 잠시 들여다보자.

"저는 얼마 전부터 큰 슬럼프에 빠져 있습니다. 남들이 그렇게 어렵다고 하는 취업에 성공했는데도 직장에 다닐수록 '의미 없이 하루하루 반복된 일만 하면서 사는 게 내가 원했던 걸까?'라는 생각이 들더군요. 그래서 새벽부터 어학원에, 저녁에는 대학원 시험을 준비하며 나름 자기계발에 힘쓰며 지내왔습니다. 그런데 시간이 지날수록 '내가 이걸 왜 하고 있지?'라는 생각이 점점 강해지고 있습니다. 뭔가 변화를 위해 시도했던 일인데, 변화는커녕 또 하나의 '일'로 몸이 더 지쳐가는 것만 같아요."

우리 주변에서 흔하게 보는 유형의 이야기이지 않는가. 자신이 무엇을 바라는지도 정확히 알지 못한 채 '다들 뭔가 하나씩 하는 것 같은데'라는 불안감에 떠밀려 시작했다 소리 소문 없이 그만두는 무수한 일들. 스스로 준비되어 있지 않다는 생각에 시작해 보지만, 결국엔 자신의 에너지만 좀먹던 썩 유쾌하지 않은 경험들 말이다. 더 나은 30대가 되길 바랐던 이 청년에게 도대체 무엇이 필요했던 것일까? 떠오르는 경험 하나가 있다.

대학 시절 휴학을 하고 광주에 위치한 5.18기념재단에서 자원 활동가로 활동했을 때다. 재단에선 스리랑카와 홍콩의 인권단체에서 인턴을 한 번 해보지 않겠느냐는 제안을 해왔다. 주저할 이유가 없었다. 집안형편상 어학연수에 갈 여력이 안 되기도 했고, 답답한 한국을 벗어나 더 큰 세상을 보고 싶었다. 그렇게 인생 최초의 해외여행을 인턴이라는 직함으로 떠나게 됐다. 그 시절 스리랑카 현지 생활을 함께했던 형이 있었다. 형은 앞날의 계획이 무척이나 구체적인 사람이었다. 현지 인권단체에서 10개월가량 경험하고 홍콩의 다른 인권단체로 자리를 옮겨 커리어를 쌓은 뒤 국제법 관련 석사에 도전하고 싶어 했다. 그에 반해서 난 무엇을 해야 할지 정하지 못하고 있었다. 열대야 속 스콜이 시원하게 내리던 어느 날 저녁, 형과 대화를 나누었다.

"형처럼 장래에 뭘 할 건지, 구체적으로 그려진 사람을 보면 무척 부러워. 난 아직도 내가 뭘 할지, 어떻게 살아야 할지도 모호

한데 말이야. 더 심각한 건 내가 어떤 사람인지도 잘 모르겠어.”

“그래도 다행인건, 우린 지금 스리랑카에 와 있다는 거야. 한국에 있었다면 이런 대화가 가당키나 했겠니? 다들 토익 공부에, 학점관리에 취업 준비하느라 정신없었겠지. 이런 질문 자체가 사치다. 안 그래?”

빠른 친구들은 대학에 입학하자마자 공무원 강의를 들으러 다녔고, 3~4학년생 역시 취업 경쟁에 뛰어들었다. 취업을 위해 졸업을 늦추거나 졸업하더라도 수년간 취업준비생이 되는 경우도 허다했다. 막연한 목적지를 앞에 두고 경쟁의 승자가 되기 위해선 쉼 없이 뛰어야만 한다. 그래야 지긋지긋한 경쟁의 고리를 끊고 잠시나마 달콤함을 만끽할 수 있어서다. 경쟁의 승자들을 보며 더더욱 ‘루저’에서 벗어나기 위해 상처에 소금을 뿌려가며 고삐를 더욱 쥔다. 다른 어떠한 ‘뻘’ 생각이 들어올 틈은 없다.

형의 말처럼 다행히도, 나는 그런 사회 속에서 잠시 탈출해 스리랑카에 와 있었다. 마치 격렬한 농구 경기 도중에 작전타임으로 잠시 목을 축이려 벤치에 앉은 심정이었다. 작전타임이란, 말 그대로 다시 한 번 전략을 정비해 심기일전할 수 있는 시간이다. 인생도 마찬가지다. 경기에 문제가 보이면 휘슬을 불러야 한다. 누구의 인생도 아닌 내 인생이니 더욱 그렇다.

그런데 안타깝게도 작전타임을 외친다고 해도 주변 사람들은

'다수가 사는 방식'으로 다시 처방을 내려 준다. 다수 안의 내가 존재하는 것만이 안정감과 편안함을 얻고, 멀쩡하게 사는 방식이라고 확신하기 때문이다. 그러나 이는 악순환의 연속일 뿐이다. '다수 안의 내가 있다는 것'은 '남의 길 위에 내가 서 있다'는 것이다. 인생을 나 자신이 없는 '빈껍데기'인 채로 과연 살아갈 수 있을까?

형과의 대화는 계속 이어졌다.

"근데 시간이 갈수록 뚜렷한 생각 하나가 내 마음속에서 올라오고 있는 것 같아."

"그게 뭔데?"

"음... 형처럼 NGO활동가로 살아가는 게 나하고 맞는지 말이야. 여기, 가슴 안의 목소리를 들어보려고 무진장 애를 썼는데, 솔직히 난 그렇게 살아갈 자신도 없고 마음도 불편하고 그래. 누군가에게 도움을 주는 일임에도 그러네. 생뚱맞을지 모르겠지만 오히려 비즈니스맨처럼 살고 싶어. 전공도 살리면서 비즈니스 감각을 가지고 역동적이고 재미있게 일하는 쪽이 솔직히 끌려. 경영을 해본다는 건 나를 흥분시키는 것 같아. 중요한 건 의사결정을 내릴 수 있는 자리에 있을 때 지금의 내 모습을 잃지 않고 행동하는 거라고 생각해."

그날 형과 나눴던 이 대화로 나는 알 수 없는 흥분을 느꼈다.

NGO활동가로 사는 것이 나하고는 맞지 않다고 말하는 순간, 이제껏 마음을 짓누르던 생각의 가지가 싹둑 잘리는 느낌이 들었던 것이다. '잘 알지도 못하면서 내가 너무 섣부르게 이야기했나'라는 애먼 걱정보다 여기저기 퍼져 있는 생각의 가지를 쳐내는 경쾌함이 더 강했다. 마치 한쪽 문을 닫고 보니 다른 문이 열리는 느낌이었다.

좋은 목재가 적절한 가지치기에서 탄생하는 것처럼, 숨겨진 나의 보물이 불안해서 벌려놓은 이런저런 생각의 가지들을 쳐내야만 보일 때가 있다. 그런데 어떤 가지를 치고 어떤 가지를 붙잡아야 할 것인가. 변화경영전문가였던 구본형 작가의 『익숙한 것과의 이별』에선 이를 잘 표현해준다.

'하고 싶지만 잘 못하는 일은 그대와 인연이 닿지 않는 것이다.

옷소매조차 스치지 못한 인연이니 잊어라.

하기 싫지만 잘하는 일 역시 그대를 불행하게 만든다.

평생 매여 있게 하고, 한숨 쉬게 한다.

죽어서야 풀려나는 일이니 안타까운 일이다.

하고 싶고 잘하는 것을 연결시킬 때 비로소 그대,

빛나는 새가 되어 하늘을 날 수 있다.'

가지를 쳐내야 하는 일들이란 '하고 싶지만 잘 못하는 일, 하기 싫지만 잘하는 일'들이라고 구본형 작가는 말하고 있다. 사실 그 정도 자신에 대해 알고 있다면 '하고 싶고 잘하는 것'을 찾기는 훨씬 수월하다.

그런데 현실은 그리 녹록치가 않다. 출근하는 직장인들의 표정을 보라. 학생들의 얼굴은 또 어떤가? 정말로 하기 싫은 일을 억지로 하고 있음을 표정으로 말해주고 있지 않는가. 안타까운 건 싫은 일임에도 자신의 현주소를 알려고 하지 않은 채 어설프게 짜증과 에너지만 쏟고 있다는 점이다. 선택과 집중이 마음에서 우러나야만 그에 따른 결과도 책임질 수 있을 텐데 이도저도 아닌 모양이다. 결국 스스로를 다그치며 자존감마저 깎아내리고 있다. 이런 악순환의 고리를 끊어야 한다.

일단 에너지를 소진시키는 가지들을 과감하게 제대로 쳐야 한다. 이때 중요한 건 지금껏 누르고 지나쳐왔던 내면의 소리에 집중하는 것이다. 『익숙한 것과의 이별』에선 우리가 잘 알고 있는 '미운오리새끼 이야기'로 이를 명쾌하게 정리해주고 있다.

'보잘 것 없던 사람들이 어느 날 아름다운 모습으로 바뀌는 것은 자신이 그동안 오리가 되고 싶은 한 마리의 백조였음을 발견할 때부터이다. 다른 사람과 자신의 다른 점을 알게 된 것이다. 그리고 자신에게 상냥하게 대하면서부터 그는 더 이상 오리가 되지 못하는 미운오리새끼이기를 그만두게 된다. 그는 자신의 몸을 덮고 있는 흰색 털이 아름답다는 사실을 알게 되고, 커다란 몸집을 받아들임으로써 비로소 당당함을 가진다. 그리고 그는 오리와는 다른 백조의 일상을 따른다.'

자신을 사랑하고 보듬어주는 첫 단계인 '하지 않아야 할 것'을 가려내 보자. 생각의 가지를 싹둑 쳐내는 경험만으로도 안개가 걷히는 신기한 경험을 하게 된다.

'내가 무엇을 하고 싶지?', '내가 무엇을 잘하지?'라는 질문이 아직 익숙하지 않은가? 그렇다면, 지금 내가 하지 말아야 할 것 또는 하기 싫은 것부터 무엇인지를 찾아내는데 집중해보라. 에너지가 흩어지는 행위가 어디서부터 시작되었는지를 확인하게 될 것이다.

당신의 감정을 헤집고 못살게 구는, 하지 말아야 할 그것은 무엇인가? 이제는 찾아나서야 할 때다.

'하고 싶은 것' 하면서 '해야 하는 것' 해내기

3명의 벽돌공이 뙤약볕에 땀을 뻘뻘 흘리며 열심히 벽돌을 쌓고 있었다. 하지만 그들의 표정은 저마다 달랐다. 한 벽돌공은 유난히 인상을 찌푸리고 있었다. 행인이 그에게 물었다.

"지금 무슨 일을 하고 있나요?"

"보면 모르시오? 벽돌을 쌓고 있잖소."

행인은 무덤덤한 표정으로 일하고 있는 다른 벽돌공에게도 같은 질문을 던졌다.

"몰라서 묻는 것이요? 돈을 벌고 있소."

그런데 나머지 한 사람의 표정은 사뭇 달랐다. 그는 뭐가 좋은지 활짝 웃는 얼굴로 일하고 있었다. 앞의 두 사람과 같은 질문을 받은 그가 답했다.

"나는 지금 아름다운 성당을 짓고 있는 중이오."

　당신은 이 세 명의 벽돌공 중에 어느 쪽에 가장 가깝다고 생각하는가? 은행을 10년 넘게 다닌 나도 이 질문이 곤혹스럽긴 마찬가지다. 입사 당시 그렸던 '아름다운 성당'을 아직도 난 간직하고 있는 것일까? 다행히 나는 책 쓰기를 통해 생계 해결에만 몰입하는 직장인이 되지 않기 위해 애쓰고 있다. 애초에 '내가 이 조직을 왜 선택했는지' 초심을 되돌아보면서 말이다.

　하지만 현실에서 돈의 힘은 여전히 강력하다. 먹고사는 문제는 피할 수 없는 삶의 굴레다. 특히나 가벼운 지갑 사정에 미래마저 불확실한 청년들의 삶의 무게는 이미 심각한 수준을 넘어서고 있다.

　『혼술남녀』라는 드라마가 있다. 공무원 학원가인 노량진을 배경으로 현실적이고 공감 가는 이야기로 이 시대의 청년들에게 많은 위로를 주어 인기가 높았던 프로그램이었다. 그중에 기억에 남는 장면 하나가 있다. 극중 배우인 공시생(공무원 시험 준비생) 기범이는 자신을 그렇게도 사랑해준 할머니 칠순잔치에 가려다 주변 사람들의 말을 엿듣게 되면서 차마 할머니를 만나지 못하고 돌아오게 된다. 자신의 처지를 서러워하며 울고 있는 기범이에게 또 다른 공시생 채연은 이렇게 말한다.

　"그래, 우리가 지금 어디 나설 처지냐. TV 조금만 봐도 내가 이래도 되나 죄인 같고, 티셔츠 하나를 사도 내가 이래도 되나 죄인 같고, 밥을 먹어도 죄인 같고, 잠을 자도 죄인 같고……."

당시에 수많은 시청자들에게 폭풍 공감을 불러일으켰던 장면이다. 공시생 역시 또 다른 취준생이며, 이들의 무거운 마음은 겪어보지 않으면 모른다. 그래서 가슴 뛰는 일보단 불안을 잠식시키려는 일에 더 쉽게 매몰되곤 한다. 무작정 스펙 경쟁에 뛰어들거나, 안전이 보장된 공무원 학원에 구름떼처럼 청년들이 몰리는 현상들이 그렇다. 그래서 흔히들 '해야 하는 것'을 하지 않고선 '하고 싶은 어떤 것'도 쉽게 꿈꿀 수 없는 사회에 살고 있다고 말하는 것이 아닐까.

하지만 곰곰이 생각해보면 불편한 진실이 깔려 있다. '해야 하는 것'이라고 표시한 일들이 자신의 인생에서 정말 중요한 일인가 생각해 보아야 한다. 현실을 탈출하기 위해 꾸역꾸역 헤쳐 나가야 할 일들로만 구성되어 있다면 어떨까? 우울한 이야기지만, 그 일들로 인해 매일 몸과 마음이 녹초가 된다면? 지친 영혼으로는 삶의 환희를 만끽할 수 없다. 살아 있음에 감사하지 못하는 이유다.

그럼에도 '누군들 자유롭고 싶지 않겠느냐!'며 정당화하고 있다면 그 인생은 딱 거기에서 멈춘다. 그렇게 외치는 사람일수록 자신보다 남의 시선에 헌신할 가능성이 높다.

그런 삶을 원하지 않는다면 마음의 물길을 바꾸자. *자신이 정말 하고 싶은 일이 무엇인지 탐색하고 그 고민을 바탕으로 반드시 해야 할 일들을 찾아나서야 한다. 즉 '해야 할 일'의 본질은 '하고 싶은 일'을 실현시키기 위한 보조 수단이자 영혼을 살찌우기 위한 현실적인 조치다.*

예를 들면 무한 반복되는 직장인의 삶을 벗어나고 싶었던 나에게 책 쓰기는 도전이자 반드시 해야만 하는 일이었다. 사실, 육아와 여러 가지 사정들로 책 쓰기에 온전히 몰입하긴 어려웠다. 그러나 더 늦기 전에 변화시키고 싶었다. 도전의 시기를 늦출수록 회한과 후회로 점철될 내 인생이 보였기 때문이다. 생계를 내팽겨 치는 것도 힘들지만, 생계만을 위해 사는 건 자신의 영혼은 물론 주변도 결국 힘들게 한다는 사실을 깨달았다. 그런 이유로 주어진 시간 내에 반드시 책을 출판하고 싶었고 그래야만 다음이 보일 것 같았다. 그렇게 엉덩이 힘으로 새벽이든 늦은 밤이든 헉헉거리며 글을 쏟아낸 지 수개월이 지났다. 신기했던 건 하기 싫어죽겠다는 생각보다 이 고비를 넘겨야만 나를 변화시킬 수 있다는 긍정적인 투지가 넘쳐흘렀다는 점이다. 당장은 몸이 고달프지만, 내 영혼을 치유하고 살찌우는 일이라고 스스로에게 끊임없이 확신시켰다. 마치 희망하는 그 길을 가기 위해선 반드시 거쳐야 할 통로처럼 그렇게 극복해왔다.

이런 삶의 묘미를 절묘하게 담은 영화 한 편이 있다. <인사이드 아웃>이란 애니메이션이다. 주인공 라일리라는 소녀의 성장 과정 속에는 다섯 가지의 감정이 존재한다. 기쁨, 슬픔, 버럭, 소심, 까칠이가 감정을 조절하는데 이 중 리더 역할을 하는 것이 기쁨이다. 라일리의 기분은 '기쁨'이 주로 통제하기 때문에 '슬픔'이 기억을 만지는 것을 경계하고 '슬픔'의 이야기도 듣지 않으려고 한다. '슬픔'에겐 모든 상황을 슬프게 만들어 버리는 능력이 있기 때문이다.

그러다 11살 라일리에게 위기가 닥쳐온다. 전학 첫날 부푼 기대로 자기소개를 하던 라일리는 우울해진다. 과거 행복했던 기억들을 '슬픔'이 만졌기 때문이다. '기쁨'을 비롯한 다른 감정들이 '슬픔'을 기억에서 손을 떼도록 막아보지만 '슬픔' 역시 자신을 막아서는 안 된다며 소동을 벌인다. 이 소동으로 기쁨과 슬픔은 저장 공간이란 곳에 떨어지게 되고, 감정이 복잡하게 꼬여 있던 라일리는 결국 가출하게 된다. 저장 공간에 떨어진 이후 '기쁨'은 우연찮게도 라일리의 옛 기억들에서 '기쁨'의 이면에 존재하는 '슬픔'을 발견한다. 그리고 자신이 그저 좋은 것만 보고 싶은 마음에 라일리의 마음 한편에 존재했던 '슬픔'은 돌아보지 못했던 사실을 깨닫게 된다. 다행히 가출했다가 돌아온 라일리의 마음을 추스르기 위해 '기쁨'은 막으려고만 했던 기억들을 '슬픔'에게 건네준다. '슬픔'은 기쁨만 있었던 기억들을 받아들고 하나씩 되짚으며 라일리에게 슬픔을 덧입히면서 영화는 끝을 향해 간다. 결국 무조건적인 기쁨이 아이를 성장시키는 것이 아니라, 슬프지만 그것을 이겨냄으로써 더욱 성장할 수 있다는 것을 보여준다.

하고 싶은 것을 하면서 해야만 하는 일 역시 이와 다르지 않아 보인다. 슬프지만 그것을 이겨냄으로써 더욱 성장하는 것처럼, 해야만 하는 일이 있기에 자신이 하고 싶은 것이 더욱 구체화되고 현실로 다가올 수 있다. 하고 싶다고 뜬구름만 잡는 것도 올바른 성장이 아닌 건 마찬가지다.

주목하는 건 주객이 전도될 경우다. 슬픔이 주가 되어 감정을 지배한다면 모든 일이 슬퍼지는 것처럼, 밥벌이가 전부라면 삶은 고단할 뿐이다. 결국 영혼은 지치고 무기력해진다. 즉, 감정의 리더가 기쁨이고 그 이면엔 슬픔이 있는 것처럼, 하고 싶은 일이 무엇인지 먼저 탐색해보되 나의 강점을 어떻게 덧입힐 수 있는지에 대해 연구해야 한다. 그렇게 찾아낸 '해야 할 일'은 당신을 쉽게 지치거나 포기하지 않게 만든다. 오히려 도전의식을 불러일으켜 성장시킨다.

'내가 무엇을 하고 싶은지' 마음속 절실한 목소리를 직시해보라. 그리고 깊은 고민 속으로 빠져들어라. 내가 하고 싶은 것을 찾는 과정 그 자

체가 끊임없이 자신을 흥분시킨다. 동시에 그 목적지를 가기까지 지금 당장 내가 '해야만 할 일'은 무엇인지 찾아내고 행동에 옮겨라. 아마도 엄청난 인내를 수반할 것이다. 그러나 피할 수는 없다. 다만 가고자 하는 목적지와 가는 길 모두 즐길 수 있는 나만의 요령을 찾아보라. 그것 역시 해야 할 일 중 하나로 만들어 보면 좋다.

매일 헉헉거리는 이유를 고민하지 않는 사람에겐 우울로 인한 무기력증이 기다리고 있다. 반면, 내가 걷고자 했던 길 위에서 반드시 해야만 할 일을 굉장한 인내와 끈기로 버텨낸 사람은 삶 자체가 단단해지므로 그 다음 성장도 기대될 수밖에 없다. 경쟁에서 뒤처지지 않기 위한 스펙 쌓기, 안전성이 보장된다는 유혹에 공무원만이 진리라고 외치는 청춘들에게, 그래서 묻는다.

당신은 성장하고 싶은가? 탈출하고 싶은가?

내 심장은 내가 생각하는 대로 뛴다

"많은 사람들이 금요일을 기다립니다. 기다리는 정도가 아니라 학수고대합니다. 그리고 지겨운 닷새의 삶을 보상이라도 받으려는 듯 주말 동안 안간힘을 씁니다. '나는 재미있게 놀아야 해. 나는 끔찍했던 지난 5일을 어떻게든 보상받아야 해. 그러기 위해서는 장난감이 필요해. BMW 컨버터블이 필요해. 요트가 필요해.'

나는 사람들이 어떻게 그렇게 사는지 상상을 할 수 없어요. 내가 보기에 정말 미친 짓 같거든요. 아무리 높은 연봉이라도 즐거움 없는 삶을 나는 살 수 없습니다. 자본주의 체계란 놀라울 정도로 못돼 먹은 겁니다. 80% 이상의 사람들이, 생계를 위해 하는 일에서 아무런 즐거움을 얻지 못한다고 합니다. 대부분 사람들의 인생이 그렇습니다. 정말 미쳤어요."

미국의 극사실주의 화가 척 클로스는 시대의 아이콘이라 불리는 51명의 이야기를 담은『위즈덤』에서 이 시대를 사는 현대인들에게 이렇게 말했다. 당신의 삶은 어떠한가? 척 클로스 말처럼 주말이라는 이틀을 위해 닷새를 어떠한 의미도 없이 어서 빨리 지나가기만을 바라고는 있진 않은가?

대조적으로『위즈덤』에는 작곡가 겸 호른 연주가인 미국의 음악 거장인 데이비드 앰램의 이야기도 있다.

"일흔일곱의 나이에도 나는 밖에 무슨 일이 있어 집을 나설 때마다, 아직도 가슴이 떨리도록 벅차오르는 감동을 느낍니다. 아직도 나에게 뭔가를 할 수 있는 이런 기회가 있다는 게 믿기지 않아요. 나에게 꿈이 있었다는 것, 그리고 아무리 내 상황이 어려워 보여도, 모든 것이 불가능해 보여도 계속해서 노력하도록 용기를 북돋워주는 사람들이 평생 내 주변에 있었다는 것, 그것은 정말 행운이었습니다. 이 사람들은 하고 싶은 것을 절대 포기하지 말라고, 될 수 있는 한 최고가 되라고, 그리고 하루도 빠짐없이 창조적으로 살라고 격려해 주었습니다. 우리 모두는 이렇게 살 수 있는 기질을 가지고 태어나지만, 생계를 꾸려나가는 과정에서 흔히들 이것을 잃어버립니다."

여든을 앞두고 있는 노인이 아직도 벅차오르는 감동을 느낀다는 것을 이해할 수 있겠는가? 도대체 어떻게 살아왔기에 저러한 감정이 그때까지 지속될 수 있을까? 아마도 좋아하는 일을 좇다

보니 꿈이 생기고, 꿈의 청사진을 그리다보니 행복해졌던 것이 아니었을까? 마치 '나는 왜 이곳에 서 있는가?'를 묻는 질문에 '마음이 이끌리는 곳으로 오다보니 이곳에 오게 됐다'는 바로 그 '해답'을 전달해 주는 것만 같다.

지금은 개개인이 각자의 개성과 취향을 다르게 타고났음에도 지독한 밥벌이에 그 욕망을 누르고 사는 비정상적인 시대, 위선의 시대다. 그래서인지 척 글라스의 '자본주의 체계 자체가 아주 못돼 먹었다'는 성토에 나는 무척이나 공감한다. 그러나 제도만 탓할 순 없지 않은가. 77세의 두 명사들이 제도를 탓하라고도 하지 않았다. 그들보다 아직 절반도 안 되는 인생을 산 우리들이기에 지금 현재 '나는 왜 이곳에 서 있는가?'를 더욱 심각하게 묻지 않을 수 없다.

나에게도 꿈이 있다. 첫 근무지는 고향 광주였고, 그곳에서 난 중소 중견기업들을 대상으로 대출업무를 담당하게 되었다. 하지만 10개 이상의 업체가 일정 기간을 두고 부도가 나면서 시련을 겪었다. 과도한 업무량 때문에 힘든 것이 아니었다. 속내를 털어놓고 진심으로 관계를 맺었다고 생각했던 회사였음에도 어느 날 아침, 뒤통수 맞듯이 부도사실을 알게 되었다. 특히 중소기업의 경우 사장의 마인드나 인성이 사업의 성패를 결정짓는 모습을 수

차례 목격했다. 재무 상태 등 여러 요인들을 꼼꼼하게 분석하고 심사했음에도 'CEO 리스크'를 경험하면서 고민이 시작됐다. 돈을 빌려야 하는 기업인과 돈을 빌려 줘야하는 금융기관과의 관계를 어떻게 설정해야 진정한 상생을 이룰 수 있을까?

향후 1년 후 내가 그리는 모습은 이렇다. 은행 내 아무도 가지 않는 길, 바로 '업'과 나의 '가치관'의 접점을 찾기 위한 획기적인 실험을 감행하는 것이다. 앞서 언급했듯이 돈을 빌리려는 기업과 돈을 빌려주는 금융실무자 간의 관계는 신뢰가 기본이다. 서로 신뢰를 잃지 않는다면 문제가 없겠지만 그렇지 못한 사례를 꽤 많이 경험한 나에겐 약점을 좀 더 보완할 무언가가 필요했다.

이때 내 눈에 들어온 게 JTBC의 『말하는 대로』라는 프로그램이었다. '말할거리(story)만 있다면 누구나 말할 거리(street)에 설 수 있다' 이것이 이 프로그램의 슬로건이었다. 각 분야에서 자기만의 철학을 가진 사람들이 거리에서 버스킹하는 방식의 프로그램인데, 여기에 생각을 덧입혀 보았다.

마이크를 잡을 버스커는 자신의 인생 이야기와 기업의 비전에 대해 이야기할 열정적인 CEO다. 다양한 삶의 이야기를 듣고 싶지만 기회가 부족하고, 자신이 무엇을 해야 할지에 대한 근본적 고민을 갖고 있거나 그러한 물음 없이 방황하는 청춘들이 청중이다. 특히 불안감에 너도나도 공무원 학원 '문'을 두드리는 후배들이 그 첫 번째 대상이 되면 어떨까 생각해본다. 마지막으로 나의 조직에서는 사회적 공익을 위해 이러한 자리를 마련하고, 경영인의 마인드를 평가하는 금융실무자 역할을 맡는 것이다.

그들은 어떻게 변화하게 될까? CEO는 자신의 이야기를 이제 사회 첫발을 내딛을 청년들과 공유하면서 무언가 모를 뜨거운 벅참을 경험하게 될 것이다. 그것이 곧 이야기의 힘이고 무대의 힘이다. 청년들은 인생의 역경을 딛고 일어서거나 모험을 감행했던 그들을 보며 삶의 스펙트럼이 굉장히 다양하다는 사실을 알게 된다. 지금의 고민이 전부가 아닌, 인생의 더 큰 그림을 그리는 데 이 만한 가르침도 없다.

그러면 나의 조직은 어떤 효과를 기대할 수 있을까? CEO의 비전과 양심을 우회적으로 알 수 있게 된다. 이는 어떤 재무제표를 읽고 분석하는 것보다 중요한 판단의 근거가 될 것이다. 아울러 국책은행이라는 설립 목적에 맞춰 지역경제를 이끌어 갈 기업과 인재를 지원하는 세계 최초의 은행이 된다면 기분이 짜릿하지 않을까.

당연히 CEO뿐만 아니라 스토리가 있는 누구나 마이크를 잡도록 무대는 더욱 커질 것이다. 굳이 제한을 둘 필요가 없으니 말이다. 흘러가다 보면 큰 강물이 되어 지역의 대소사를 다룰 중요한 플랫폼이 될지도 모른다. 기업인과 금융인, 그리고 지역경제의 근간이 될 청년들과 엮이고 엮이는 긍정의 순환 사이클, 이러한 사회적 모델을 나는 'Story Banking'이라고 칭하고 유쾌한 반란의 서막을 알리는 그 실험에 몸을 던져보려고 한다. 아마도 이 책이 나올 때쯤이면 무언가를 시작하고 있지 않을까 싶다.

내 꿈 이야기를 이렇게 길게 이야기한 이유는 단 하나다. 가슴을 뛰게 하는 가치 있는 일만이 스스로를 흥분시킨다는 것을 간접적으로나마 알려주고 싶었다. 나 역시 불안하고 힘들었던 20대 시절, 주변의 도움으로 인생의 전환점을 맞이하여 큰 변화를 겪었다. 그러나 세상은 나만 잘살면 잘 돌아가는 게 아닌 듯 보였다. 더불어 잘살아야 신바람도 나고 사회가 활력이 돈다. 가슴은 꿈틀거리는 데 무엇부터 시작할지 몰라 힘들어하는 후배들을 보고 있으면 예전의 내가 느껴진다. 그래서 지금, 책을 쓰게 됐다. 이 책을 시작으로 청년들로 하여금 마음속 변화에 대한 갈망, 즉 영혼을 두드릴 만큼의 열정을 갖게 된다면 어느 지인의 말처럼 '누군가의 인생 하나를 건져내는 것' 아니겠는가! 상상만 해도 가슴이 설레고 재밌다. 그리고 살아 있는 것 같다. 이 얼마나 가치 있는 일인가.

미 해군대학원 경영학과 교수인 케네스 토머스가 쓴 『열정과 몰입의 방법』에서는 다음과 같은 4가지 조건이 충족될 경우, 일에서 재미와 열정을 느끼게 된다고 설명한다.

첫째, 자신이 가치 있는 일을 하고 있다고 느낄 때
둘째, 그 일을 할 때 자신에게 선택권이 있다고 느낄 때
셋째, 그 일을 할 만한 기술과 지식이 있다고 느낄 때
넷째, 실제로 진보하고 있다고 느낄 때

당신의 일주일은 어떠한지 체크해보라. 만일 토요일과 일요일만을 학수고대하며 닷새 동안 어떤 가치 부여도 없이 버티는 삶을 살고 있다면 '내가 왜 여기에 서 있지?'라는 질문에 답해보길 권한다. 무엇 때문에 바쁜지도 모르고 '열심히'만 외치며 헛돌던 발걸음이 어느새 제자리에 놓여 있을지도 모른다. 제자리를 찾았다면, 이제는 웬만해선 흔들리지 않는 당신만의 가치 있는 일을 찾아보자. 가치 있는 일에 열정을 가지고 몰입해보자. 그 결과는 폭발적일 것이다. 우리 그렇게만 산다면 일주일이 즐겁지 않을까?

우리 재미있는 야근 한 번 해볼까?

"지금껏 살아왔던 삶의 주체는 제가 아니었어요. 매번 '뭐 해라, 뭔가 해야 한다'며 시켜서 했던 일들의 연속이었죠. 남에게 끼워 맞춰 살았던 것 같아요. 어떻게 말하면 수동적인 사람이었지요."

20대 중반이던 대학 후배가 술자리에서 한 말이다. 어디 이 후배만의 고충이었을까. 정도의 차이만 있을 뿐 한국의 청년들 대부분이 자신의 관심사를 좇기는커녕 남이 만들어놓은 기준에 부합하도록 정신없이 뛰어왔다. 안타깝게도 그런 일에는 재미나 자발성은 찾아보기 어렵다. 그저 낙오자가 되지 않기 위해 뛸 뿐이다. 하지만 한번쯤은 '흥'이 나는 대로 자신의 몸을 던져본 경험도 있어야 내가 무엇에 끌리고 잘하는지를 돌아볼 수 있다.

직장생활 5년차 때 겪었던 일이다. 재계순위 몇 위에 들 정도로

규모가 큰 그룹의 기업대출을 담당했었다. 그룹의 규모는 컸지만 자금 유동성에 문제가 생겨 위기에 처해 있었다. 당시 우리 팀은 몇 날을 야근하며 해당 그룹을 살리기 위한 밑그림 구상으로 진을 쏟고 있었다. 평상시라면 윗분들의 판단으로 빠르게 결정이 나곤 했지만 이번 건은 그런 정도의 성격이 아니었다. 그런데도 신참 과장이었던 난, 윗분들 모르게 마치 게임을 시작한 것처럼 '밑그림 구상'에 '흥'이 붙고 있었다. 전체의 그림을 보고 퍼즐을 맞추듯 모든 상상력을 동원해야 할 사안이었기에 상상의 나래를 펼수록 그 흥분은 쉽게 가시지 않고 오히려 더욱 커져만 갔다. 가끔 윗분들의 대화가 들리면 귀를 쫑긋 세우고 어떻게 진행되는지 엿듣곤 했다. 그렇게 여러 루트를 통해 나의 생각이 퍼즐에 '얼추' 맞아 들어가는지 점검해 나갔다. 서서히 머릿속에 뼈대가 세워지기 시작했다. 그 시절, '선무당이 사람 잡는' 행동처럼 무모했지만 신이 났었다.

어느 날 오후, 한번쯤 도전해 볼 정도로 기초 작업이 됐다고 생각이 들어 후배 직원에게 은밀히 말했다.

"주 대리, 우리 재미있는 야근 한 번 해보지 않을래?"

최대한 주 대리가 갑작스런 '야근 제안'으로 곤란함을 겪어선 안 된다는 전제하에 조심스레 말을 건넸다.

"요새 윗분들이 ○○그룹의 '밑그림 구상'에 고민하고 계시잖

아. 그거 우리가 한번 만들어 보면 어떨까 해서. 우리가 보는 시각대로 완전 재밌게 구조를 만들어 보는 거야. 어때, 동참할래? 진짜 재미있을 것 같아서 하는 말이다. 강요는 아니야."

다행히 후배는 동조해 주었다. 직장생활 5년 동안 이렇게 죽이 맞아 일을 해본 적이 없을 정도로 흥분되었다. 그렇게 후배직원과 밤늦게까지 윗분들을 설득하기 위한 준비 자료를 만들어 나갔다. 오랜만에 느껴보는 보람찬 하루였다.

사실, 이번 건과는 별개로 머릿속에 떠오른 아이디어를 윗선에 여러 차례 제안했던 적이 있었다. 하지만 보기 좋게 모두 '퇴짜'를 맞았다. '은행원스러운 답'이 아니라는 것이 이유였다. 올릴 때마다 상사로부터 '네가 지금 하고 있는 일에 더 집중해. 이런 거 올릴 시간에 말이야'라고 눈치를 주는 듯했다. 수차례 올렸던 제안임에도 매번 거절을 당하다보니 기운이 서서히 빠졌다.

'내가 정말 이 일에 재능이 있긴 한 걸까? 평범한 은행원처럼 일하지 않고 뜬구름만 잡고 있는 건 아닌가?'

그래서였는지 신입 때 함께 일했던 팀장은 나에게 "너는 은행원이 아닌 것 같아"라고 했었다.

이런 사람이 어디 나뿐이겠는가. 그러나 낙담하긴 아직 이르다. 우리 같은 사람이 자신의 강점을 잘 개발만 한다면 그 잠재력은 가늠할 수 없을 정도로 폭발력이 있다. 『하워드의 선물』의 예시가 이를 정확하게 말해주고 있다.

코넬 대학을 갓 졸업한 이 책의 저자 에릭은 드 비브르 호텔 체인의 설립자인 칩 콘리 밑에서 일을 시작했다. 칩은 아주 창의적이고 열린 마음의 소유자로 아무리 엉뚱한 질문을 하더라도 받아들일 줄 아는 인물이었다. 그 당시 스물두 살이었던 에릭은 세계 최고의 호텔 학교를 졸업한 만큼 회사의 모든 문제에 대해 의문과 아이디어를 제시한다. 물론 신입 때라 치기 어린 제안이었지만 칩은 참을성 있게 에릭의 이야기를 들어주었고, 제안의 오류나 문제점 등을 친절하게 설명까지 해주었다. 그 뒤에도 에릭은 수십 개의 제안을 더 했지만 결과는 '실현 가능성이 낮다'는 평가만 듣게 된다. 낙담한 에릭은 자신의 능력을 의심하게 되고 좌절하게 되면서 호텔이 아닌 다른 직장에서 일하는 것이 낫지 않을까라는 생각까지 이르게 된다. 그 즈음, 에릭은 칩으로부터 호출을 받는다. 예전과 달리 위축이 된 에릭의 태도 변화가 궁금해서다. 직원의 작은 심경 변화까지 읽는 칩은 정말 좋은 상사임이 분명하다. 그렇게 에릭은 마음을 털어놓게 된다. 그들의 대화다.

"함께 일하는 동료들이 대안을 찾아내는 면에서 저보다 훨씬 더 뛰어난 것 같습니다."

"흠, 그럴지도 모르지. 하지만 그건 대다수가 쉬운 문제만 다루거나 그저 안전한 답을 제시하기 때문이야. 그들은 위험을 감수하거나 한계를 넘어서려 하지 않거든. 그런데 자네는 매일매일 한계를 넘어서고 있고, 솔직히 말하면 때로는 조금 지나칠 때도 있긴 해. 그래도 다른 사람들이 자네를 어떻게 생각할까 해서 주저하기보다는 하던 대로 계속해 나가는 편이 좋을 걸?"

그리고 헤어지기 전 칩은 에릭에게 굉장한 메시지를 던진다.

"타인의 겉모습은 자신의 속모습보다 더 좋아 보이는 법이라네. (중략) 겉으로 드러난 타인의 강점과 재능만 중시하고 눈에 보이지 않는 약점은 보려고 하지 않거든. 반대로 자기 자신에 대해서는 강점은 축소하고 약점은 확대해서 생각하는 경향이 있지."

그리고 마지막에 에릭은 칩에게 결정적 질문을 하게 된다.

"올바른 답을 얻기 위해서가 아니라면 왜 저를 뽑으셨습니까?"

"모르지, 언젠가는 자네가 우리를 올바른 답으로 안내할지도."

사실 칩 같은 상사가 있다면, 일할 맛은 최고조에 달할 만하다.

잠시 칩에 대한 칭찬을 접어두고, 이어지는 하워드 교수와 에릭의 대화를 살펴보자. 현실적으로 약점과 강점에 어떤 식으로 접근해야 할지 적절한 비유를 통해서 알려주고 있다. 특히 약점을 고치려는 사람들에게 하워드는 다음과 같이 지적한다.

"자신의 취약한 영역을 개선하기 위해 평생을 바쳐야 한단 말인가? 인간은 몇 개의 강점과 수백, 수천 개의 약점이 있는데도? 게다가 약점은 누구나 달가워하지 않기 때문에 그걸 개선하려면 지적인 에너지뿐만 아니라 감정적인 에너지도 엄청나게 투자해야 해. 이 얼마나 손해 보는 장사인가?"

우리는 어릴 때부터 약점을 보완하는데 더욱 치중하라는 주문을 받으며 살았다. 그러다보니 학창 시절 동안 제대로 무언가를 습득했다고 자부하기가 어렵다. 약한 부분을 보완하는 노력은 어느 정도 필요한 작업이지만 결국은 모두를 하향평준화시키는 꼴 아닌가?

하워드 교수의 마지막 말이다.

"가장 단단한 땅 위에 경력의 토대를 쌓아야 해. 성공한 사람들은 대부분 잘하는 일에 집중하지. 대신 자신의 취약한 영역에는 뛰어난 사람들을 두어 최대한 보완해 가면서."

이야기를 다 듣고 난 에릭은 하워드와 나눈 대화를 토대로 자신의 생각을 맨하튼의 고층건물을 빗대어 정리한다.

'왜 맨해튼 섬의 중간 지역에만 고층 건물이 모여 있고, 낮은 건물들은 죄다 가장자리에 있는지가 궁금했었다. 나중에 알고 보니 중간 지역의 기반암이 지표면 가까이 올라와 있어 고층 건물을 지을 수 있는 튼튼한 토대를 제공해 주기 때문이었다.'

후배에게 '재미있는 야근을 해보지 않을래?'라고 제안했던 이유는 내 그릇을 시험해 보고 싶었기 때문이다. 나를 움직이게 했던 건 일의 재미였다. 그 재미를 기반으로 상상의 나래를 펼쳤더니 그 큰 규모의 밑그림을 나와 내 후배가 그릴 수 있었다.

우리의 제안 결과가 혹시 궁금한가? 받아들여지지 않았다. 결과적으로 그때의 일은 나를 더 도전적인 사람으로 만들었고, 은행원답지 않은 모험을 또다시 감행할 수 있는 '밑거름'이 되어 주었다.

'강점이 무엇일까?'라는 고민에 답하기가 쉽지 않은 게 정상이다. 그런 반면 약점은 눈에 잘 띈다. 약점에 대한 것보다 강점을 어떻게 더 단련시킬 수 있을지를 고민해야 함은 하워드 교수의 말에서 이미 언급했다.

수동적인 자세로 타인의 기준을 벗어나지 못하는 일에서 재미를 찾아내기란 쉬운 일이 아니다. 무엇에 관심이 가고 재미를 느끼는지, 자신의 강점이 무엇인지 스스로에게 질문을 던져야 한다. 그것만큼 능동적인 사고가 없다. 거기에 촘촘한 상상력을 덧입히자. 똑같은 노력을 들이더라도 상상력을 통한다면 더 많은 성장의 기회를 얻게 된다. 물론, 그로 인해 실패도 경험하겠지만 또 다른 의미를 부여해줄 것이다. 아마도 다음 질문이 작은 도움을 줄 수 있을 것이다.

'나는 어떤 일을 할 때 가장 자신감을 느끼는가?'

지능지수가 아닌 모험지수에 열광해 보았는가?_실패 경험

하는 일도 없이 여유가 넘치네!

"아직 취업을 생각하기에 이른 것 같은데 주변에선 벌써 취업을 하라고 강요하는 것 같아 쓸쓸해요. 최소 1년은 휴학하고 제가 하고 싶은 공부를 하고 싶은데… 제가 늦둥이이기도 하고 제 위에 두 언니들 역시 아직까지 취업을 하지 못한 상태거든요. 이 상황에서 저마저 휴학하겠다고 하면 부모님이 어떤 말을 하실지 걱정됩니다. 언니들도 똑같이 휴학을 했었지만 딱히 결과를 내지 못하고 있거든요. 아마도 부모님은 저의 휴학 결정에 부정적으로 생각하실 거예요."

우연히 대화를 나눈 한 후배의 이야기였다. 인생을 멀리 보고 걸어가고 싶은데 '한눈팔지 말고 취업하라'는 주변의 거센 압박. 부모님은 나이가 많으신 데다 언니들도 아직 자리를 못 잡다 보니 휴학하겠다는 말이 입안에서 맴돌기만 한다며 자신 없어 하던 그녀의 모습. 굴레에서 쉽게 벗어나지 못하는 청년들의 자화상이다. 그런데 곰곰이 생각해보자. 그 굴레는 어디에서 왔을까? 가족? 친구들? 각박한 세상? 시선을 돌려보자. 견고하게 검증된 사회의 통념대로 살아가는 것이 그래도 안전하다고, 대세를 따르는 것이 그나마 불확실한 상황보단 낫다고 애써 믿고 있는 자신이 보이는가?

더 이상 남을 흉내 내는 것이 아닌 진짜 나를 찾는 모험에 나서야 한다. 모험이라고 해서 영화 같은 일을 벌이라는 것이 아니다. *나를 에워싼 갑옷들을 조금이라도 벗겨내면서 새로운 나를 발견하는 것만으로도 훌륭한 모험이 된다. 중요한 건 갑옷이 더 견고해지기 전에 모험을 감행해야 한다는 점이다. 그래야 경직되어가는 사고가 말랑말랑해질 수 있다.*

2003년 10월, 해외인턴으로 스리랑카를 밟았던 첫날의 아침을 아직도 잊지 못한다. 창문을 열자 훅 들어오는 덥고 습한 공기와 강렬한 태양을 비추던 해변가, 그리고 멋들어지게 펼쳐진 야자수 나무들, 그 위를 시끄럽게 짖어대며 날아다닌 까마귀 떼마저도 기가 막힌 풍경으로 보였다. 첫 해외여행에서 이처럼 강렬하고 이국적인 모습은 기대 이상의 흥분과 설렘으로 다가왔다.

인턴으로 파견되었지만 주어진 일이 한동안 없었다. 대신 한 달 가까이 현지인 집에서 머물며 스리랑카 삶을 경험할 수 있었다. 그 즈음 현지인 친구 지인의 결혼식에 초대를 받았다. 교회에서 치러진 그 결혼식은 인상 깊었다. 결혼식을 마치자 모든 하객들은 신랑, 신부를 향해 줄지어 서 있었다. 그들은 눈물을 보이며 매우 따뜻한 눈빛과 미소로 신랑과 신부를 안아주었다.

"진심으로 결혼을 축하해."

우리네 결혼 장면이 오버랩 됐다. 얼굴도장만 찍고 축의금을 낸 뒤 식사하러 가는 모습과 말이다. 하나같이 찍어내듯 이뤄지는 결혼식은 어느새 '결혼 상품'으로 둔갑된 지 오래다. 그래서인지 이들의 모습이 더 신선하게 다가왔다.

우리보다 소득 수준이나 사회적 인프라가 턱없이 부족한 나라임에도 행복지수는 높았던 이유를 그제야 알 것 같았다. 그들은 빨리빨리 무언가를 성취해야만 하는 속도전의 삶을 살고 있지 않았다. 그저 삶 자체가 주는 감정과 의미에 충실했다. 기쁠 땐 한없이 기뻐하고, 슬플 땐 슬픔을 나누고, 축하해줄 땐 진심으로 그 마음을 표현하면서. 그 과정들이 서툴지도 않았고 서두르지도 않았다.

누군가는 나에게 다른 나라에 인턴으로 와서 일은 하지 않고 사람들 사는 모습이나 구경하고 있으니 '참 세상 편하게 산다!', '너도 나처럼 성실하게 살아야 되는 거 아니야? 왜 너만 여유 부리며 노는 건데?'라고 생각했을 것이다.

　부지불식간에 나 역시 그런 주변의 압박과 시선에 굴복되기도 했다. 그때마다 끊임없이 내적 갈등이 생겼다. 그럼에도 나의 새로운 모습을 찾아주는 모험을 감행했다. 사소한 일상에서도 의미를 찾았고, 온몸의 감각이 열리는 경험을 수시로 했다. 이런 것들은 DNA처럼 내 몸에 꽤나 깊이 각인되었다. 이것이 곧 내가 내면의 만족과 안정감을 찾게 된 이유다. 나와는 조금 다르게, 제2의 인생을 위해 '평생을 이렇게 살고 싶지 않다!'며 모험을 결단한 이도 있다.

　언론사 편집장 자리를 박차고 나가 산티아고 순례길에 올랐던 한 여성이 있었다. 지쳐 있던 자신을 돌보기 위한 여행이었지만, 동시에 새로운 길이 열리기를 바랐던 여행이였다. 하지만 순례를 하는 마지막 날까지도 자신에게 새로운 길이 무엇인지 찾아내지 못하고 있었다. 그러다 길에서 우연히 만난 한 영국 여인과 식사하면서 자신의 고민을 털어놓게 된다.

　"내 남은 생을 고향에서 보내고 싶은데 무엇을 해야 할지 모르겠어요. 답을 얻으려고 이곳에 온 거라 꼭 답을 찾고 싶은데 말이죠."

　"바다와 자연이 있는 곳이 당신의 고향인데 무얼 고민하나요? 나야 여기가 가까우니 또 오고 싶으면 와도 되지만 만약 여길 올

기회가 많지 않다면 이곳의 콘셉트를 당신의 고향에 벤치마킹하면 어떨까요?"

그녀는 머리를 맞은 듯 무언가 번쩍했다.

'내가 나고 자란 고향이 이곳만큼 아름답다는 생각을 왜 미처 하지 못했을까?'

그녀는 한국 사람들에게도 자신이 순례길에서 얻었던 기쁨을 느끼게 해주고 싶었다. 사람들에게 가장 필요한 것이 '휴식과 여유'라는 생각을 하게 된 그녀는 그렇게 서울 생활을 모두 정리하고 고향인 제주로 떠났다. 그녀는 제주에서 가장 아름다운 풍광을 따라 걷기 시작했다. 그 길은 세상에서 가장 아름다운 길이 되어 우리의 마음을 평온하게 만들어주고 있다. 세상에서 가장 아름답고 평화로운 길, 자연과 함께 걸으며 사색할 수 있는 치유의 길, 그 길이 바로 제주 올레길이다.

이 이야기의 주인공은 제주 올레길을 만든 서명숙 씨다. 한 달간 그녀가 걷는 일에 몰두하며 '과연 이렇게 사는 것이 맞는가?'를 얼마나 물었을지 상상해본다. 자신의 밑바닥에 숨겨진 진짜 목소리를 끄집어내려는 몸짓을 말이다. 당연히 그 몸짓이 가능했던 건 자신을 가둬놓은 굴레를 과감히 벗어던지는 용기가 있었기 때문이다. 결국엔 그 용기가 스스로를 깊숙이 탐험할 인생 티켓을 갖게 해줬다. 제주 올레길 탄생에 영감을 준 영국 여성과의 만남은 그녀에겐 어찌 보면 필연적이었을지 모른다. 스스로를 새로운 길에 세웠고, 내면을 파고들어갔기에 그러한 운도 끌어당긴 것이다.

서명숙 씨는 다니던 직장을 박차고 나와 모험을 결단했다. 그에 반해 지금의 청년들은 어떤가? 복잡하게 생각하지 말자. 서두에서 말한 후배의 이야기처럼 주변의 시선을 스스로의 굴레로 만들어버린 나 자신이 보이는가. 그것만이라도 먼저 내려놓는다면 모험은 가능하다.

그럼에도 두렵고 힘들것이다. 한 번도 경험해본 적이 없었으니 더욱 그럴 것이다. 나도 그랬다. *모험은 남들과의 경쟁에서 뒤처지느냐 마느냐의 문제가 아니다. 도리어 인생이란 물음에 다양한 선택지를 제공하는 값진 일이다.* 그러니 모험에 나서라. 결단하는 순간, 추상적이었던 두려움은 사라지고 나를 재발견한 기쁨에 신이 날 것이다.

솔직해져보자. 인생에서 가장 신날 때가 언제였던가? 순간순간이 자신이 살아 있다는 것을 느낄 때가 아니던가. 『하루 1시간, 책 쓰기의 힘』의 이혁백 저자는 '변화'를 이렇게 말한다.

"변화는 나를 고치는 것이 아니라 본래 나의 모습으로 돌아가는 것이다."

선택은 내 자유이고 책임도 내 몫이다. 시작해보고 싶다면 '평생을 이런 식으로 살 것인가?'라는 서명숙 씨의 질문이나, '나는 변화하고 싶은가?'처럼 행동에 나설 수밖에 없는 질문을 자신에게 던져보자. 두렵고 위험하다고 여기는 것은 어쩌면 자신의 새로운 모습을 보지 못했기에 하는 말일 수 있다. 당신도 기적을 만들어낼 수 있다. 지금 이 순간, 나를 찾는 모험에 단 한 번이라도 뛰어들어보자.

다디단 밀크티에 개미가 빠지면

서점 내 커피숍에 들렀다. 옆 자리에는 아기띠를 두른 한 여성이 동남아 여행가이드 책을 보고 있었다. 아이가 잠들어 갖게 된 '쉼' 하나, 이국적인 정취가 주는 달달함이 둘. 어느새 코코넛 나무 밑으로 푸른 바다와 백사장이 눈앞에 보이는 듯 그녀의 입가엔 미소가 머무는 듯하다. 이처럼 '여행'은 상상하는 것만으로도 행복해지는 것임에는 틀림없다.

그러나 나는 여행에 대해서만큼은 '결'이 다른 이야기를 하고 싶다. 특히 청년들에겐 눈앞에 펼쳐진 멋진 야자수와 푸른 바다가 안겨주는 시각의 풍성함을 넘어서서 보이지 않는 내면의 풍성함까지 가득 찬 여행을 떠나보길 권한다. 여행은 자신이 가진 모든 감각을 열어젖힐 수 있는 기회라고 긍정적으로 생각할 수 있어야 한다. 부정적인 마음으로는 어떤 모험을 시도하기도 쉽지 않을 뿐더러 자신의 내면을 탐험할 심적 여유도 생기지 않기 때문이다.

반면 예기치 못한 일마저 긍정적으로 간주하면 여행의 경험 모두가 자신의 내면을 단련하는 데 도움이 된다. 이를테면, 의도적으로 유쾌한 상황을 연출할수록 자신 앞에 부정의 일보단 긍정의 일들이 더 자주 생기고, 그로 인해 불어난 자신감은 더욱 나다운 시도를 하게 한다. 이른바 여행의 선순환이다.

스리랑카에서 현지 인권단체 사무처장이었던 브리또 씨 집에서 함께 생활한 적이 있다. 그의 아버지는 스리랑카에서 유명한 코미디언이었는데 아버지의 피를 이어받았는지 그만의 익살스러운 춤과 만담은 그의 딸 사스리까, 마누시, 그리고 아내 망글리아 아주머니까지 끊임없이 웃게 했다. 일상이 유머와 재치로 넘쳐났고 웃음을 옆에 두고 사는 것만 같았다. 내가 가정을 이룬다면 바로 이렇게 살아가고 싶다는 욕심이 생길 정도였다.

아침에 기상할 때면 망글리아 아주머니는 "말리, 떼 본느(동생, 차 마셔)"라는 말과 함께 밀크티를 매일 준비해 주셨다. 따뜻하게 데워진 우유를 섞어 만든 홍차는 진짜 달았다. 그런데 수일 전부터 밀크티 가장자리로 거무스름한 점들이 한두 개씩 보였다. 눈을 비비고 다시 봤다.

‘이게 뭐지?’

아주머니가 손수 만들어주시는 거라서 마셔왔을 뿐이다. 하지만 그날은 궁금증을 참지 못하고 왠지 불길한 마음으로 물었다.

“아주머니, 혹시 이 검은 거는 뭐예요?”

“아, 그거? 개미야. 설탕통에 들어갔던 애들인데 타다 보니 거기에도 들어갔네. 호호호.”

그렇다. 개미였다. 다리로 보이는 것들이 아주 미세하게 보이긴 했는데, 설마 진짜 개미였다니! 그리고 그 사실을 이야기하면서 웃어버리는 아주머니의 모습에 잠시 멍했다가 이내 나도 웃어버렸다. 우리에게 중요했던 건 아침을 풍요롭게 하는 밀크티 한 잔의 여유였으니까 말이다.

하루는 브리또 씨가 소개해준 지인의 마을에 초대받아 갔던 적이 있다. 그 마을은 내가 생활하던 도심과는 확연히 다른 전형적인 시골이었다. 스리랑카는 열대나라지만 특이하게도 사막이 있었는데 내가 찾아간 마을이 딱 그랬다. 더운 날씨에 장시간 차를 타고 오니 시원한 물에 샤워하고픈 마음이 간절했다. 때마침 지인은 나에게 물동 하나를 주면서 이렇게 말했다.

“목욕도 하고 밥 지을 물이 필요한데, 같이 물 좀 길러 가자.”

물이 귀한 지역이었기에 목욕이나 빨래, 밥을 짓기 위해선 수

백 미터 떨어진 저수지에서 물을 길러 와야만 했던 것이다. 그렇게 나선지 한참 후 넓은 저수지 앞에 다다랐다. 연꽃과 물풀들이 뒤덮던 저수지 주변에서도 유독 하얗게 보이고 물속 바위가 드러나 보이는 곳이 있었다.

'아하, 마을분들이 여기서 빨래를 하는구나!'라고 생각하던 참이었다. 지인은 준비해온 '사롱'이란 스리랑카 전통 옷을 주섬주섬 걸친 채 저수지 안으로 직진하는 게 아닌가. 물가의 연잎과 물풀을 휘적거리면서 자신의 가슴 높이까지 차오른 지점까지 거침없이 들어갔다. 이를 호기심 넘치게 쳐다보는 나를 향해 휙 돌아보고선, '들어와. 여기서 씻어봐!' 하면서 갑자기 잠수를 시작하는 그. 물결이 몇 번 출렁이더니 '푸하' 하며 얼굴을 내밀었다 다시 잠수했다. '저수지 목욕'은 신선한 충격이었다. 그런데 놀랍게도 내 발은 어느새 그가 있는 쪽으로 걸어가고 있었고 입가엔 미소가 지어졌다. 저수지 안으로 걸어가는 걸음마다 짜릿짜릿함을 느끼면서 말이다.

'저수지에서 잠수하고 목욕하는 느낌은 과연 어떤 기분일까?'

이 생각이 묘하게 나를 흥분시켰다. 결론은 기분 최고였다. 민물이라 그 비릿한 향이 처음엔 거부감을 일으켰지만 잠수하고서 느껴지는 미끌미끌한 피부와 혀끝과 코로 느껴지는 그 오묘한 물맛, 그렇게 싫지가 않았다. 가끔씩 등과 발등을 쪼아대는 작은 물고기들의 돌발 행동은 귀여움을 넘어서 목욕 자체의 즐거움이 됐다. 스리랑카라는 어느 시골마을 저수지에서 이렇게 목욕을 할 거라고 감히 상상이나 했을까! 글을 적는 지금도 그 느낌이 생생하게 살아있는 것만 같다. 비슷한 경험들은 더 있었지만 이쯤에서 접어두자.

이처럼 예기치 못하게 벌어진 상황을 어떻게 받아들이냐에 따라 여행의 맛은 완전히 달라진다. 한국에서 식당 음식에 개미가 나왔다면 불쾌감은 하늘을 찌르고 '사장 나와!'를 이미 부르고도 남았을 것이다. 저수지에서 목욕이라니, 이 또한 상상하기조차 꺼림칙한 일이다. 물론 이런 일들을 자처해서 찾아나서란 말은 아니다. 예기치 않게 맞닥뜨린 상황이지만 마음을 얼마나 활짝 열어 놓느냐와 그 일에 어떤 감정을 부여하느냐에 따라 그 경험이 주는 가치는 하늘과 땅 차이로 벌어진다는 점을 말해주고 싶다.

전 세계 저명한 저자들의 영감의 원천이 되었던 책, 에스더 & 제리 힉스의 『유인력, 끌어당김의 법칙』에선 이를 이렇게도 설명한다.

"내가 생각하고 있는 대상은 나에게 끌려오기 시작한다. 내가 강한 감정을 동반한 상태에서 생각하고 있는 대상은 더 빨리 나에게 끌려온다. 그리고 일단 내가 감정을 불러일으키는 생각을 함으로써 그것을 강력하게 출발시키고 나서, 그것을 갖게 될 것이라고 기대하게 되면 실제로 나는 그것을 얻게 된다."

끌어당기는 데 있어 마음을 활짝 열수록 더 강력하게 끌려온다는 것을 말해주고 있다. 동시에 어떤 감정을 갖는가도 중요하다. 이 책의 또 다른 부분이다.

"예외 없이 모든 사람들은, 자신의 삶에 나타나는 모든 것들을 스스로 끌어당기고 있습니다. 하지만 당신이 의도적으로 자신이 하는 생각들의 방향을 선택함으로써 좀 더 기분 좋게 느껴지는 생각들 쪽으로 자신의 주의를 부드럽게 이끌어가게 될 경우, 더 이상 당신은 스스로 원치 않는 것들을 아무 생각 없이 끌어당김으로써 무작위로 창조하는 삶을 살게 되지 않을 것입니다. 당신이 강력한 끌어당김의 법칙을 의식적으로 자각하면서 기분 좋게 느끼기 위해 의도적으로 자신의 소망과 감정에만 주의를 기울이겠다고 결심을 하게 된다면, 비로소 당신은 의식적인 창조에서 오는 기쁨을 체험하게 될 것입니다."

이 말의 요점은 이렇다. 자신의 원하는 것을 끊임없이 상상하되 그 과정은 기분 좋게 유지하라는 뜻이다. *20대 중반, 스리랑카에 머물면서 나 자신을 끊임없이 탐색하고 싶었다. 그래서 현지인들의*

많은 청년들이 버티는 삶은 버겁고 우울하다고 말하지만, 그렇다고 주저앉고 싶은 사람은 아무도 없을 것이다. 버티는 삶을 내가 주도하는 삶으로 바꾸고 싶다면, 온 감각을 열어젖히고 유쾌한 기운으로 삶의 기쁨까지 체험하는 여행을 탐해보길 바란다. 감각의 탐닉이 아닌 내면의 탐험에 자신을 맡겨보라. 이것은 스스로를 성장시키는 긍정적 실험이다. 그 과정에서 자신을 둘러싼 껍데기를 다른 무엇보다도 힘차게 깨버리고 지금껏 알지 못했던 자신의 진짜 모습에 성큼 다가서게 된다.

청년들이여, 당신들은 원래 스스로 변화하고 성장하려는 강한 욕구를 가지고 있는 사람들이다. 짓눌려 있던 당신의 욕망과 감각을 분출시키는 모험 같은 여행을 이제 시작하자. 떠나기 전 하나만 묻자. 당신의 모든 감각을 열어젖힐 유쾌한 마음의 준비가 되었는가?

홍콩에서의 사자후

모험을 상상하기보다는 안전한 길을 찾는 것만이 지상 최대의 과제가 되어버린 세상. 각박한 현실이기에 한눈팔지 말고 더욱 자신을 옥죄라고 주문하는 것만 같다. 그러나 진실은 표면에 쉽게 드러나지 않는다.

'인생의 중반에서 나 올바른 길을 잃고 어두운 숲속을 헤매었네.'

단테의 『신곡』첫 부분에 나오는 말이다. 단테의 표현 그대로 그렇게 열심히 살아왔는데 '인생 중반에서도' 길을 잃는 사람들은 부지기수다. 그저 표현을 안 하고 있을 뿐이다. 자신의 인생이 무엇을 좇고 있는지조차 잃어버린 중년들은 우리 주변에 너무나 많다. 단지 직업을 가지고 있다고 해서, 안정적으로 보인다고 해서 공허함에 가득 찬 그들이 청년들의 이정표가 되어선 안 된다. 또 다른 공허한 인생들을 만들어낼 뿐이다. 미안하지만 그러한 세상은 '병들었다'고 표현하고 싶다. 생계 유지가 삶의 전부가 되어버린 삶이 어찌 병이 들지 않았다고 할 수 있겠는가. 그래서 다시 청년에게 말을 건넨다.

'당신은 무엇을 좇고 있는가?'

MC의 꿈을 가진 한 부산 청년이 있었다. 그는 우리나라 최고의 MC를 만나기 위해 부산에서 경기도에 있는 방송국까지 찾아왔다. 그의 손에 들린 조그만 다이어리와 종이 뭉치에는 부산에서 출발하여 방송국에 도착하기까지 15일간의 기록이 빼곡히 적혀 있었다. 매일 아침 6시에 출발, 하루 10시간을 꼬박 걸었던 그는 교회에서 하룻밤 신세졌던 일, 찜질방에서 잠시 눈을 붙였던 밤, 그의 여정에 물 한 모금, 국수 한 그릇을 제공해 주었던 사람들의 이름을 하나도 잊지 않고 적어둔 것이다.

"편하게 차를 타고 오면 저의 바람이 이루어지지 않을 것만 같았어요. 어떤 업(業)을 만들면 제 간절한 물음에 답을 주시지 않을까 하는 마음에……."

방송국에 무작정 도착했던 그날, 그의 순수한 마음을 전달받은 MC는 청년을 따뜻하게 맞아주었다. 그렇게 최고의 MC를 꿈꾸는 청년과 이미 최고의 자리에 서 있는 MC는 1시간 여의 대화를 나누게 된다. 최고의 자리에 서 있는 MC는 바로 한국의 대표 예능 MC '유재석'이었다. 그들의 꿈의 대화는 어땠을까? 상상만으로도 잔잔한 감동이 밀려온다. 청년은 자신의 꿈이 단순한 동경인지, 정말로 간절하게 원하고 있는지를 묻고자 길 위에 섰다. 매일 10시간씩 걸으면서 스스로에게 묻고 또 물었을 청년의 고뇌에 찬 몸부림이 존경스럽기까지 하다.

나도 '내가 걸어왔던 길이 맞는 길인가?'를 놓고 고심에 빠졌던 적이 있다. 스리랑카에서 5개월간 인턴을 마치고 홍콩의 또 다른 인권단체에서 생활하던 때의 일이다. 최고의 MC를 꿈꾸는 그 청년과는 달리 내게는 뚜렷한 꿈은 없었다. 오히려 '어떤 삶을 살아야 하는지'에 대한 고민만 계속 되고 있었다.

어느 토요일 이른 아침, 홍콩에서도 제법 높다고 알려진 산을 오르기로 했다. 산 정상에서 홍콩이라는 도시를 한눈에 담아보고 싶은 충동 때문이었다. 오르면서 한국과 다르지 않는 토양과 소나무들을 보면서 마치 동네 앞산을 오르는 듯한 착각이 들었다. 제법 땀이 흘러내렸지만 오를수록 기분이 좋아졌다. 그렇게 산 정상에 올라섰다. 산 아래로 펼쳐진 홍콩의 고층빌딩들이 내 시야에 들어왔다. 그런데 갑자기 무언가 내 밑바닥부터 알 수 없는 감정이 솟구쳤다. 몇 초 후, 산 정상 바위 위에서 목이 터져라 외첬다.

"이야!! 나는 할 수 있다! 내가 이도권이다! 으아아!!"

순식간에 벌어진 일이었다. 무언가에 눌려 있었던 감정들이 토해내듯이 분출되어 버렸다. 그동안 가슴 가득 열정으로 무장된 나였다. 스리랑카에서 홍콩까지 인생 최고의 여행을 하면서 내 안의 빛들을 발견한 덕분이었다. 그럼에도 다시 한국으로 돌아가면 예전처럼 '대세의 흐름에서 벗어날 수 있을까?', '나라고 별 수 있을까?'라고 한없이 흔들릴 것 같은 나도 분명 있었다. 내 안의 목소리가 '내가 걸어온 길은 틀리지 않아', '아니야, 여행은 여행이고 나도 이제는 정신 차리고 다른 사람들처럼 취업준비해야지'라고 뒤엉켜 마치 선과 악이 힘겨루기를 하는 것만 같았다. 그러나 결국엔 내가 지나온 길을 부정하지 말자며 '나는 할 수 있다! 내가 이도권이다!'고 소리쳐 버리면서 의도적으로 선의 손을 들어버렸다. 더 이상 내 앞날의 불확실성과 혼란이라는 꼬리표로 나를 흔들지 말라는 경고이자 다짐이었다.

미국 사상가의 아버지 랄프 왈도 에머슨은 그의 저서『자기신뢰의 힘』에서 이렇게 말한다.

'그대 마음속에 숨겨두었던 확신을 드러내라. 그러면 그 말은 보편적인 의미를 가질 것이다. 그대 마음속에만 있던 것이 때가 되면 겉으로 드러나고, 그대가 처음에 가졌던 생각이 결국에는 마지막 심판을 알리는 나팔소리와 함께 다시 그대에게로 돌아올 것이다. 우리가 모세나 플라톤, 밀턴을 높이 평가하는 이유는 그들이 책이나 전통 같은 것을 무시하고, 다른 사람이 아닌 자신의 생각을 말했기 때문이다.'

최고의 MC가 되기 위해 부산에서 일산까지 매일같이 걸었던 그 청년의 모습을 다시 그려본다. 자신이 선택하려는 길이 그가 정말로 바라는 것인지를 확인해야만 길을 떠난 의미가 있다는 그의 간절했던 다짐. 최고의 MC인 유재석 앞에서 가장 진심에 가까운 대화가 이뤄지기 위해 자신 앞에 떳떳해지고 싶었다는 그. 스리랑카에서 얻은 가슴 충만했던 느낌을 앞으로의 내 인생에 어떻게 적용될까를 매일같이 고민하면서도, 한국에 돌아가면 나도 어쩔 수 없이 '대세'의 흐름에 몸을 맡길 것인가, 아님 뜨거운 가슴이 시키는 대로 살아볼 것인가를 끊임없이 물었던 나. 랄프 왈도 에머슨의 말처럼 우리 둘 모두는 마음속에 숨겨진 '자기 확신'을 찾아내고자 끊임없이 나를 직면했고 그로 인해 깊은 내적갈등을 겪었다. 이처럼 자신을 직면하려는 몸부림은 본인은 물론이고 주변 사람마저 감동시킨다. 그리고 이것은 궁극적으로는 자기만족과 진정한 안정감을 이끌어낸다.

‘자기확신’에 대한 성찰 없이 돈과 명예, 권력만을 좇다 삶의 의미를 잃고 방황하는 경우를 우리 주변에선 수없이 본다. 마이크로소프트(MS)에 다니던 존 우드 역시 그러했다. 그가 빌 게이츠와 함께 일한 지 7년이 되던 해였다. 노스웨스턴 대학교의 켈로그 경영대학원을 졸업하고 MS사에 취직한 존 우드는 호주를 거쳐 중국 지사에 근무하면서 서열 2위까지 오른다. 그때 그는 30대였다. 엄청난 연봉과 좋은 집, 멋진 차, 예쁘고 능력 있는 여자 친구도 있었다. 모든 것을 다 갖춘 듯한 그가 어느 날 심한 공허함에 빠진다.

‘이 허전함은 대체 뭐지?’

결국 존 우드는 네팔 행 비행기에 몸을 싣는다. 히말라야 트레킹을 하며 맨땅을 밟을 때마다 지금껏 지쳐왔던 심신이 어느새 녹아내린 듯했다.

‘세상의 모든 평화와 행복이 이곳에 있구나.’

그런데 존 우드가 여행하는 도중 회사에 긴급히 해결해야 할 일이 발생했다. 근처 마을 사람들에게 전화번호와 이름이 적힌 메모지를 건네주고 사정을 이야기했지만 누구도 쉽게 나서주질 않았다. 그가 머문 그 나라는 세계에서 가장 문맹률이 높은 네팔이었던 것이다. 운명이었을까? 존 우드는 그 뒤로 네팔을 비롯한 개발도상국에 도서관을 짓기로 결심한다. 사표를 내고 ‘룸 투 리드(Room to read)'라는 NGO단체를 결성한다.

그렇게 시작한 일이 네팔, 베트남, 인도, 아프리카 등에 150만 권의 도서를 기증받아 300개 도서관 건립으로 이어지고 있다. 한 인간이 가진 신념의 승리였다. 자신에게 가장 의미 있고 가치 있는 일을 찾아내자 일어난 기적 같은 변화였다.

MS 서열 2위임에도 허무함으로 몸부림쳤던 존 우드의 이야기는 어떤 메시지를 주는가? 무엇을 좇고 있는지 모르는 삶은 공허하다. 공허함을 부나 권력으로 채운다고 하지만 일시적 만족에 그칠 뿐이다. 심지어 내면의 불만족은 자신이 걸어온 길마저 부정하며 방황하게 만들 수도 있다. 존 우드처럼 말이다. 하지만 *방황을 직면하고 변화하려는 사람은 그나마 행운아다. 자신이 진짜 무엇을 좇고 있는지 스스로에게 질문할 틈도 없이 밥벌이가 인생의 전부인 사람들이 불행인 것이다.*

지금 당면한 삶의 무게가 힘들어 어떻게든 일단 벗어나고 싶다는 수많은 청년들, 그 마음을 헤아려 본다. 특히, 어떻게든 취업을 해야만 사람 취급을 받는다는 생각에 절실함은 더했으리라. 그러나 그런 절실함이 눈앞의 현실 해결에만 치우친 나머지 '나를 탐색하는 데'는 전혀 쓰이지 못하는 사실이 못내 아쉽다. 내가 무엇을 진정 좇고 있는지를 탐색하는데 절실함만큼 크게 도움되는 것도 없을 뿐만 아니라, 그 과정 하나하나에서 삶을 이겨내는 힘이 생긴다. 그러한 힘이 축적될수록 길을 잃어도 다시 자신을 찾게 되고 그로 인해 또다시 살아내게 된다.

지금은 100세 시대다. 살아갈 날이 구만리나 남은 후배들에게 필요한 건 속도보다 방향이다. 인생의 방향은 스스로가 절실하게 따져 묻는데서 찾을 수 있다. 부산에서 일산까지 걸으며 스스로에게 끊임없는 질문을 던졌던 그 청년처럼, 홍콩의 어느 산 정상에서 '내가 살았던 삶은 나 자신이다'라고 외쳤던 것처럼. *보다 나은 30대를 바라는가? 그렇다면, '내가 지금 무엇을 좇는지' 물어라. 그럼 알게 된다. 당신에게는 엄청난 힘이 숨겨져 있음을.*

쓰나미가 맺어준 아주 특별한 인연

'취업 절벽을 먼발치에서 바라보며 차츰 숨이 답답해질 무렵, 나는 가장 존경하고 아끼는 사람들로부터 "여태 준비 안 하고 뭐 했느냐?"라는 질문 아닌 질문을 들었다. 내가 좋아하고 가장 잘하며 보람을 느끼는 일에 열중한 데에 관해선 "그런 거 말고, 스펙이 될 수 있는 거 말이야"라는 대답이 돌아올 뿐이었다. 현실을 모르고 꿈 타령만 하는 '구체적이지 못한 사람'이 되는 건 외롭고 화나는 일이었다.'

「경남도민일보」 이지훈 기자의 취준생 일기 '취준생들 스펙 언제까지 쌓아야 하나요'의 글 일부이다.

'젊어서 고생은 사서도 한다'라는 말이 있다. 여기서 고생은 '모험'으로도 대체할 수 있다. 젊은 시절, 모험을 통한 자각이야말로 인생의 가치를 깊이 깨닫는 귀한 일이다. 그러니 사서라도 하는 것 아니겠나. 그런 이유로 젊음과 모험은 떼려야 뗄 수 없다. 그런데 지금의 청년들에겐 그 모험마저 쉽게 용인하지 않는 모양새다.

'자신이 좋아하고 가장 잘하며 보람을 느끼는 일'에 대한 열중은 진짜 나를 찾는 모험을 해봤다는 증거 아닐까? 그런데도 주변에선 '그런 거 말고, 스펙이 될 수 있는 거 말이야'라는 대답으로 모험을 쓸모없는 것으로 대해 버린다. 한 취업포털에서 설문조사한 결과, '취준생이 자존감에 상처받는 순간'으로 '잘 알지도 못하면서 지나온 내 노력이나 시간을 함부로 평가할 때'라고 응답한 것은 어쩌면 당연한지도 모르겠다. 하지만 반드시 명심해야 할 한 가지가 있다. 어느 무대에 서건 가장 자신을 빛나게 하는 것은 스펙이란 경력 몇 줄이 아니다. 그것은 가슴 밑바닥부터 차고 넘치는 내면의 단단함이다. 결국엔 그것이 상대방을 감복시키는데, 이를 가능하게 만드는 건 끊임없이 자각하게 하는 모험이다.

2004년 12월 26일 9시 36분. 스리랑카 남쪽 어느 무너진 가옥 마당의 부서진 괘종시계는 바로 그 시간에 정확히 멈춰 섰다. 인도네시아 반다아체에서 규모 9.3의 지진이 있고 난 뒤 불과 3시간 만에 들이닥친 대재앙이었다. 외신들은 거대한 쓰나미가 휩쓸고 간 현장들을 앞다퉈 보도했다. 당시 나는 CNN 방송이 나오는 대학 강의실에서 영어를 공부하던 중이었다. 쓰나미가 발생한 그 날 CNN은 'break news'로 시종일관 피해가 막심한 현장을 끊임없이 실어 나르고 있었다. 내 눈은 스리랑카의 끔찍한 현장에 꽂혀 있었다. 불과 9개월 전 내가 있었던 그 나라가 완전히 쑥대밭이 된 것이다.

당장 함께 지냈던 친구들의 생사가 걱정되었다. 그들의 안부를 확인했더니 다행히 큰 사고는 없었다. 그러나 TV에서 쓰나미가 덮치는 장면을 반복해 보일 때마다 깊은 한숨이 나오는 건 어쩔 수 없었다. 겨울방학이 되면 친구와 베트남을 여행할 계획이었다. 하지만 화면을 바라볼수록 마음이 편치가 않았다. 결국 "마음이 불편해서 안 되겠다. 베트남은 다음에 가고 스리랑카에 가봐야 될 것 같다"라고 친구에게 이해를 구했다. 이렇게 스리랑카는 또다시 나를 찾아왔다.

'지금 서 있는 곳에서 시작하세요. 당신이 가지고 있는 것을 이용하고 당신이 할 수 있는 일을 하세요!'라고 말하는 아서 애시처럼 그 순간 내가 할 수 있는 것들을 찾아 나섰다. 그런데 구호활동 경험도 없던 내가 그 나라를 찾아간들 무슨 일을 할 수 있을지 의문이 들었다. 그런 연유로 당시 언론에도 몇 차례 소개된 구호단체의 문을 두드렸다.

"혹시 구호활동을 위한 특수기술이 있으신가요? 아님 인도네시아어를 잘하시나요?”

“아니요. 없습니다. 하지만 신체 건강하고 뭐든 시키면 잘할 수 있습니다. 그리고 저는 인도네시아가 아닌 스리랑카 쪽으로 구호활동을 나가고 싶습니다. 현지인과 수개월 동안 함께 지내서 현지 말은 조금 할 수 있습니다.”

“아, 죄송해요. 저흰 스리랑카보단 피해가 더 극심한 인도네시아 쪽으로 집중하고 있어요. 가신다면 인도네시아로 가셔야 됩니다.”

그 구호단체는 결국 연이 닿지 않았다. 구호를 위한 특수기술이랄 것이 전혀 없었던 나는 스리랑카 친구들을 가서 도와줘야 한다는 ‘마음’과 뭐든 시켜주면 한다는 ‘패기’만 있었다. 그래서 찾은 곳이 ‘굿네이버스’라는 쓰나미 긴급구호팀이었다. 그들 역시 구호활동을 위한 전문기술자가 합류해주면 더 좋았겠지만 현지에서 보조해주고 힘을 실어줄 대학생 파견자들도 마침 모집하던 중이었다. 그렇게 난 스리랑카를 다시 찾게 된다. 구호활동이란 것을 해본 적도 없던 내가 CNN의 Break News에서 보도된 그들의 모습에 ‘스리랑카 Again’이라는 모험을 선택했던 것이다. 사실, 그때 의사결정을 내린 이면에 나의 마음을 끊임없이 괴롭혔던 사건 하나가 있었다.

25살, 스리랑카 여행은 나를 엄청나게 성장시켰다. 그러나 나의 래퍼토리는 점점 고착화되어 가고 있었다. 그 현상이 가장 잘 드러나는 곳이 술자리였다. 친구들이나 후배들이 나에게 '스리랑카 어땠어?'라고 물으면 기분이 그렇게 좋을 수가 없었다. 스리랑카 이야기를 안주 삼아 희희낙락하던 어느 날, '벼락같이' 나를 정신 차리게 한 일이 있었다.

휴학 후 등록금을 벌기 위해서 잠시 서울로 상경했을 때다. 서울 혜화동에 살고 있는 친구 집에 신세를 지며 막노동을 시작하게 됐다. 매일 이른 새벽부터 인력대기소에 나가던 어느 날 한 아저씨를 만났다. 작업반장으로 자신을 소개하던 아저씨는 자신과 함께 가지 않겠냐고 제안해왔다. 마다할 이유가 없었기에 감사하다고 말했다. 보름 가까이 함께 일하고 복학할 날이 얼마 남지 않아 서울 생활도 마무리 짓고 있을 그즈음이었다.

아저씨는 나에게 막걸리 한잔 사주겠다고 하셨다. 그렇게 우린 서울에서 유명하다던 인사동 막걸리 집에서 거한 반찬과 함께 즐거운 대화를 시작했다. 그리고 여느 때처럼 스리랑카 이야기를 또 한 번 풀어냈다.

"제 인생의 전환점이었기에 여전히 스리랑카를 잊을 수가 없습니다. 스리랑카 이야기할 때 제일 행복한 거 같아요. 아름다운 풍경, 너무나 착한 사람들. 물론 거기에서 보았던 불편한 세상은 저로 하여금 문제의식도 많이 길러줬어요. 어디서 이런 경험을 할 수 있었겠어요? 안타까운 건 그 나라의 경험으로 저는 성장했는데 고통 받는 그들에겐 어떠한 변화도 일어나지 않은 것 같아요. 저도 이것저것 해보긴 했지만 그때뿐이었네요. 제가 지속적으로 하지 못한 이유가 가장 크겠지요. 어떻게 해야 되는지도 몰랐고. 여하튼 스리랑카를 다녀온 뒤로 제가 술버릇이 하나 생겼어요. 오늘 이 자리에서도 그러는 것 같은데, 스리랑카 삶은 저의 최고 술안주입니다. 히히."

"내가 봐도 도권 씨는 여느 대학생하고는 다른 삶을 살았던 거 같아. 정신적으로도 아주 건강한 것 같고. 그런데 말이야, 오해하지 말고 들어줘. 도권 씨의 그런 모습이 솔직히 좋아 보이진 않네. 더 이상 술안주거리로 스리랑카 이야기는 하지 마소. 언제까지 술안주거리로 스스로 위안만 삼을 건가? 무엇 하나 행동하지 않으면서 옛 삶을 그리워하는 게 나이 먹은 노인도 아닌데 다 살았던 사람처럼 그렇게 이야기를 하는가? 도권 씨를 아껴서 충고하는데 그들을 위해서 무언가를 할 수 있다면 바로 행동하는 사람이 되게. 더 이상 술안주거리로 인생 소비하지 말고."

얼굴이 화끈거렸다. 그리고 정신이 번쩍 들었다. 그동안 나를 살뜰히 챙겨주셨던 아저씨였기에 더 예상하지 못한 말이었다. 나의 송별파티로만 알고 편하게 이야기를 풀어놨는데 아저씨에게 강력하고 쓰디 쓴 한 방을 제대로 먹은 것 같았다.

집으로 걸어오는 내내 마음이 복잡했다. 아저씨의 충고는 그때의 나를 짧고 굵게 정리해버렸다. 스리랑카 경험 중 마음에 드는 기억들은 언제든 빼서 남들에게 자랑하고, 마음의 빚처럼 불편한 기억은 시간이 갈수록 숨기고 희석시켜 버린 나였다. 내 처지에 어쩔 수 없지 않느냐라는 나약한 마음에 정당성을 부여하면서 말이다.

'누구도 나와 같은 경험을 못해봤을 거야. 내 경험은 독보적이야. 그렇다고 스리랑카의 고통 받는 사람을 위해 내가 할 수 있는 일이 뭐가 있겠어? 현실적으로도 솔직히 어려워. 이제는 여기서 해야 할 일도 많은데 더 이상 신경 쓰기도 쉽지 않지, 뭐' 하고서 말이다.

그러나 깨닫게 됐다. 스리랑카의 삶들은 더 이상 현재의 나를 자극하지 못했다. 그래서였을까. CNN 뉴스가 나를 집요하게 자극한 이유말이다. 누군가에게는 아무런 관심도 없는 이역만리의 국가 재난이, 술안주로 자위하던 나를 깨웠던 것이다. 내 인생의 전환점이었음에도 서랍 속에 갇힌 추억의 사진 한 장처럼 여기던 나로부터 벗어나야 했다. 아저씨의 쓰디 쓴 충고는 내 마음을 꽤나 오랜 시간 괴롭혔었지만 CNN을 보며 내 몸의 모험지수가 다시 올라가는 것이 한편으로 반가웠다. 영혼을 두드려 가슴이 두근거리는 일이 있다면 그것을 선택하는 것이야말로 나다운 선택이 아니겠는가.

나에게 있어 스리랑카는 '감사함' 그 자체다. 나는 '행운아'였다고 자신할 정도로 스리랑카는 '인생의 여행'을 선물해 주었다. 그리고 그들의 아픔에 내 가슴은 다시 떠나라고 소리쳤다. 나의 경우 '모험'은 무엇을 새롭게 시작하기보다 내가 생각하는 것의 연장선상에서 일어났다. 즉, 행동을 요구받아 그렇게 저질러왔던 것이 전부였다. 무엇을 위하기보다 그렇지 않고선 마음이 진정이 되지 않았다. 하지 않으면 찝찝했고 저지름과 동시에 그런 감정이 사라졌다. 더불어 가슴 가득 만족감도 차올랐다. 그러니 또 한 번 감사할 노릇이다.

지금도 취업문을 두드리는 후배들에겐 주변의 말 한마디가 깊은 상처로 다가온다. 심리적, 육체적으로 힘들수록 더욱 그렇다. 그러나 "현실은 모르고 꿈 타령만 한다"느니, "그런 거 말고, 스펙이 될 수 있는 거 말이야" 하는 말에 절대 기죽지 마라. 그 사람은 애초부터 당신의 인생을 논할 수 없는 사람이다. 어차피 인생의 본 게임은 스펙 몇 개로 좌지우지되지 않는다. *나를 자각시키는 모험에 방점을 두어야 한다. 그렇게 얻어낸 '내면의 단단함'이 진정한 스펙이다. 그것만 있다면 당신은 어느 무대에서든 즐길 수 있다. 젊어서 모험을 정말 사서라도 해야 하는 이유다.*

나만의 세렌디피티를 가져라

페이스북 창립자인 마크 저커버그는 2010년 12월 27일자 「타임」지 인터뷰에서 다음과 같이 말했다.

"우리는 사람들이 행하는 세렌디피티[1]라는 개념을 담고 있어요. 뜻밖의 행운인 거죠. 가령 레스토랑에 가서 한동안 보지 못했던 친구를 우연히 마주치는 것과 같은 거죠. 굉장한 경험이죠. 그 상황이 그렇게 마법처럼 보이는 이유는 대체로 그런 일이 자주 일어나지 않기 때문이에요. 하지만 저는 사실 그런 상황들이 실제로는 흔하다고 생각해요. 아마도 우리가 그중의 99퍼센트를 놓

---

1 세렌디피티(serendipity)
   뜻밖의 발견(을 하는 능력), 의도하지 않은 발견, 운 좋게 발견한 것.

치고 있는 거겠죠."

세렌디피티가 실제로는 우리 앞에 흔하게 일어남에도 그중의 99퍼센트를 그냥 흘려보낸다는 그의 말에는 공감한다. 그런데 다소 결과론적인 이야기인 것 같다. 세렌디피티라고 부르는 행운을 직면했을 때는 알아차리기 어려울 때가 많은 게 사실이기 때문이다. 지나고 나서 돌아보니 '그때가 나의 세렌디피티였구나'라고 정의 내릴 뿐이다. 하지만 주커버그의 진짜 뜻은 자신만의 세렌디피티를 항상 유념하고 있다면 99%나 놓치고 있는 행운을 붙잡을 수 있다는 조언이지 않았을까. 준비되어 있는 자에게는 세렌디피티와 같은 기회가 자주 온다.

문득, 직장에 갓 들어오고 나서 취업을 준비하던 후배와 술 한 잔하며 나눴던 이야기가 생각난다. 후배는 취업준비를 본격적으로 하기 전부터 영어점수나 학점관리를 차근차근 준비했었다. 그래서인지 그는 꽤 괜찮은 토익점수와 학점으로 몇 개의 대기업 서류심사를 통과하는 운이 좋은 후배였다. 문제는 최종 면접에서 자꾸만 미끄러지는 것이다. 그날의 술자리도 그를 위로하는 자리였다.

"형, 난 안 되나봐. 최종에서 미끄러지는 게 벌써 세 번째야. 이렇게 자꾸 떨어지다 보니까 정말 더 이상 하고 싶은 마음마저 없어져."

후배의 괴로운 마음은 충분히 이해가 갔다. 그런데 가만 보니 후배는 서류통과가 꾸준하게 되고 있는 현실은 뒤로한 채 면접에서 떨어졌다는 사실에만 초점을 맞춰 괴로워하고 있었다. 서류에서도 좌절을 겪는 수많은 취준생보다 자신은 더 나은 조건임에도 불구하고 말이다. 그래서 그에게 말했다.

"넌 그래도 기본 조건이 좋아서 면접이라도 자주 볼 수 있잖아. 마음을 바꿔봐. 부정보다는 긍정으로. 근데 진짜 중요한 건 절실함이다. 그래야 결실을 맺지. 혹시 아냐? 네가 여태껏 최종면접에서 떨어졌던 게 얼굴에 절실함이 안 보여서였을지."

사실, 내 경험을 빗대어 후배에게 해줬던 말이기도 하다. 스리랑카 여행에서도 그랬고 취업을 할 때에도 그랬다. 늘 절실하게 바랐다. 그랬더니 정말 좋은 결과가 왔다. 그중에 기억에 남는 일화가 하나 있다. 26살, 세렌디피티 같았던 그날의 기억.

홍콩에서 인턴으로 머물던 어느 날, 단체의 사무처장이 나를 불렀다. 이유인 즉, 내일 저녁 한국에서 손님이 오시는데 특별한 일이 없으면 공항에 마중을 함께 가자는 거였다. 그리고 가능하다면 다음 날엔 그분과 함께 홍콩투어도 해줄 것을 요청해왔다.

여태껏 집과 사무실만 오가다보니 홍콩투어라는 것을 내가 제대로 할 수 있을지 걱정이 되어 솔직하게 말씀드렸다. 사무처장은 그런 건 전혀 걱정하지 말라며 이렇게 말했다.

"그분은 그런 여행도 마다하지 않을 분이야. 그럼, 잘 부탁해."

그렇게 공항에서 만나 본 그분은 나의 짧은 지식으론 처음 뵙는 분이셨다. 사무처장 말로는 한국에선 저명한 법학교수이자 인권운동가라고 했는데도 말이다. 서로 통성명을 하는데 첫인상이 푸근한 동네 아저씨처럼 친근해 보였다. 다음 날, 홍콩투어를 위해 사무실에서 다시 만났다.

"교수님, 오늘 제가 계획한 홍콩투어는 버스를 타고 한적한 스탠리 지역에 들러 보는 건데 어쩌신지요?"

"좋네. 버스투어라니 재미있겠구먼!"

우리 둘만의 여행은 그렇게 시작됐다. 신기하게도 교수님과의 대화는 나누면 나눌수록 기분이 좋아지는 알 수 없는 마력이 있었다. 어눌하신 듯하면서도 부드럽고, 왠지 모르게 힘이 있고 설득력 있는 화법이 매우 인상적이었다.

출발한 지 1시간쯤 지나 스탠리비치에 도착했다. 우린 목도 축일 겸 해변가 근처에 위치한 파라솔 밑에서 캔맥주 한잔하기로 했다. 도심을 벗어나 눈앞에 푸른 바다를 보고 있자니 저절로 기분이 좋아졌다. 서로의 캔맥주를 부딪쳤다.

"그래, 도권 씨는 스리랑카에 얼마나 있었나?"

"5개월 정도 있었습니다."

"생각보다 꽤 오래 있었네. 그래, 거기에서 무얼 보고 느꼈나?"

"예? 음 ……."

순간 당황했다. 지금껏 누구도 나의 스리랑카 삶에 대해 그런 식으로 질문한 사람이 없었기 때문이다. 잠시 생각을 가다듬고 말했다.

"사실, 할 이야기가 여기 목구멍 끝까지 차오른 게 너무나 많습니다. 스리랑카 생각만 하면 가슴이 벅차고 흥분되거든요. 근데 무엇부터 어떻게 표현할 지를 잘 모르겠어요."

"천천히 이야기해봐. 시간은 많으니까."

그렇게 난 교수님을 앞에 두고 스리랑카의 지난 일들을 하나둘씩 끄집어냈다. 현지인과 함께 살았던 그 시간들은 나를 송두리째 흔들었고 인생을 바라보는 눈에, 씌어져 있던 눈꺼풀이 있었다면 그것이 수차례에 걸쳐 벗겨진 거 같다고 말이다.

'나는 어떤 사람인가?'

'나는 앞으로 무엇을 하고 싶은가?'

'나는 어떤 삶을 원하는가?'

특히나 이 질문들을 묻고 답해보았던 지극히 내 개인적인 이야기를 담담하게 그분 앞에서 풀어냈다.

이야기를 나누다보니 대화는 깊어져 갔다. 그리고 말 못할 고민이 생겼다는 사실마저 말하기에 이르렀다.

"이렇게 감정은 차고 넘치는데 정작 표현이 잘 안됩니다. 마음은 벅차서 터질 듯하고 어떤 자리건 두려움 없이 자신감 있게 이야기할 수 있을 것 같은데, 말이나 글이 못 따라와줘서 답답하더라고요. 또 다른 문제는 한국에 가면 저라는 사람이 '다른 세상 사람처럼 정신 못 차리는 아이'로 낙인찍힐까 조금은 불안하기도 합니다. 사실, 학교로 돌아가면 예전처럼 또다시 스펙경쟁을 시작해야 하는 거 아닐까라는 두려움도 여전히 있거든요. 제가 가진 경험이 어떻게 도움이 될지도 모르겠고요."

그 당시 나의 솔직한 마음들이 어쩌다가 교수님 앞에서 전부 토해내는 진기한 상황이 벌어졌다. 다행히 교수님은 깊숙이 공감해주고 계셨다. 아니, 나는 존중받고 있다는 강한 느낌을 받았다는 게 더 정확한 표현이겠다. 내 이야기가 끝나고 얼마 뒤, 교수님은 내 인생 최고의 멘트를 날려주셨다.

"이야, 정말 큰 경험을 하고 왔구면. 누구나 쉽게 갖지 못하는 대단하고 특별한 경험을 자넨 가지고 있는 거야. 이 세상에서 유일한 거지. 자네가 알고 있는 것처럼 그렇게 소중한 경험과 감정들을 제대로 표현하지 못한다면 누군가에게 제대로 된 전달이 될 수 없지. 사실, 자신의 생각을 어떻게 표현하느냐는 굉장히 중요한 문제일세. 그러기 위해선 책을 많이 읽어야 하네. 책을 통해 자신이 겪었던 경험과 감정들을 문장화시키는 거지. 자기만의 문장으로 말이야. 문장으로 표현되어야만 온전히 자기 것이라고 할 수 있네. 생각이 문장이 되고 문장이 말이 되도록 한다면 자네가 답답해하는 상당 부분이 해결될 걸세.”

'와우!' 순간적으로 나는 전율이 느껴질 정도였다. 연이어 교수님은 말을 이어나가셨다.

“자네의 또 다른 고민이 스리랑카 경험을 주변 사람들이 ‘뻘짓’으로 보면 어쩌지 하는 고민인데, 그건 절대 그렇지가 않아. 수많은 청년들이 남들 시선에 따라 살아갈 때 자네는 가슴 벅찬 자신만의 경험으로 세상하고 맞닥뜨릴 것 아닌가. 그것만큼 강력한 무기가 어디 있겠는가. 왜 두려워해? 가슴 벅찬 마음에 어느 누구에게도 겁내지 않고 이야기를 할 수 있고 즐길 수 있다는 자네는 이미 그 답을 알고 있어. 다시 한 번 말하지만 자신의 경험만큼 가장 강력한 무기는 없어. 충분히 자신감 가져도 되네.”

나를 꿰뚫어보지 않고선 해주실 수 없는 말씀이었다. 여태껏 혼자 끙끙 앓았던 내 마음을 단숨에 치유해 주신 것이다. 세렌디피티라고 할 수 있는 이곳, 홍콩 스탠리비치의 파라솔 밑에서 나는 인생의 진정한 스승을 만났다. 독자들이 혹시 궁금해할 거 같아 그분의 이름을 밝힌다. 전 서울교육감이었던 곽노현 교수다.

나는 나를 변화시켜야 한다는 치열한 의지가 가슴속에 펄펄 끓고 있었다. 그 와중에 곽 교수님이 가슴의 뚜껑을 활짝 열어줌으로써 자유로워졌다. 이 모든 결과는 우연을 가장한 듯하지만 알고 보면 그 행운을 끌어당기는 숨은 노력들이 존재했다. 스스로가 변화를 일으키고 싶은 강인한 의지가 누구도 가늠키 어려울 정도로 크게 내재되어 있었다.

나는 후배들에게 '좋은 일이 있으니 조금만 더 노력하자'며 희망고문을 하려고 세렌디피티란 단어를 쓴 것이 아니다. 대신에 생각의 태도를 바꾸라고 말하는 것이다. 남이 하는 대로 흉내 내기에만 최선을 다하는 자기위선적인 행동은 그만두자. 이리저리 새어나가는 에너지를 한곳에 집중시키되, 그 타깃은 가슴속 변화하고픈 치열한 의지에 두어야 한다. 그래야만 행동도 절실해진다. 세렌디피티를 만날 수 있는 모험을 원하는가? 그렇다면 바라는 만큼, 가슴속에 펄펄 끓는 의지로 꽉꽉 채워라. 집요하고 끊임없이.

살면서 반드시 물어야 할 질문 3가지

1. 나는 어떤 사람인가?

2. 나는 앞으로 무엇을 하고 싶은가?

3. 나는 어떤 삶을 원하는가?

여기에서 정말 중요한 사실은 이 3가지 질문을 스스로에게 묻지 않고선 제대로 된 인생을 살 수 없다는 점이다. 그러기 위해선 지금까지 고수했던 생각과 태도를 완전히 바꿔야만 한다. 남들을 그저 흉내 내는 모습에서 벗어나고, 불안감으로 열심히만 살아가는 자신을 멈춰 세워보자. 그리고 다음의 작업들을 실행시켜라. 세렌디피티는 아이러니하게도 준비가 된 당신이었기에 찾아온 필연이었음을 알게 될 것이다.

1단계: 가슴속 변화하고픈 치열한 의지에 나의 모든 에너지를 집중시켜라.

2단계: 절실함을 품어라.

3단계: 쉽게 사그라지지 않도록 집요하게 절실하라.

주변에서 '뻘짓'이라고 하면 괜히 위축되곤 한다. 웬만큼 자기 확신이 있지 않고선 누군가의 냉소에 하던 행동마저 멈추던가, 생각 자체를 지워버린다. 정신 차리지 않으면 사회적 '왕따'마저 각오해야만 한다. 포기를 강요받고 움츠리며 사는 지금의 청년들에겐 더욱 그렇다. 삼성을 다니다 4년 만에 퇴사하고 '퇴사학교'를 설립한 장수한 대표가 인터뷰에서 했던 말이다.

"대한민국 대부분의 학생이 그렇듯 나도 다른 사람들이 생각하는 길을 그대로 걸어왔다. 초등학교, 중학교, 고등학교를 열심히 다녔고, 공부도 열심히 했다. 20대 때는 토익, 토플, 한자 등 스펙을 열심이 쌓아 대기업에 입사했다. 입사를 하고 나서야 '무엇을 해야 행복한지', '무엇을 하면서 살고 싶은지'를 고민하기 시작했다. 월급을 위해, 주말 이틀을 위해 나의 일주일 중 70%를 희생한다고 생각하니 회사 안에서 더 이상 소모되고 싶지 않았다. 형용사가 아닌 동사로 살고 싶어졌고, 성공하기보다는 성장하고 싶었다."

그가 걸어온 10~20대의 삶은 우리들의 이야기이기도 하다. 특히, 사회초년생이라면 장 대표의 이야기에 공감을 할 것이다. 하지만 안타깝게도 끝없이 경쟁해 온 청년들에겐 '무엇을 해야 행복한지', '무엇을 하면서 살고 싶은지'란 장 대표의 질문은 사치일 정도로 현실은 각박하다. 아니, 질문을 던져봤던 소수는 있겠지만 질문의 답이 행동으로 이어지기란 극히 드물다. 그런 가운데 그는 꿈을 찾는 어른들의 학교인 '퇴사학교'라는 것을 만들며 '삘짓'을 감행한다. 이유가 무엇일까? '형용사가 아닌 동사로 살고 싶어졌고 성공보다는 성장하고 싶다'는 마음의 소리에 응답해서다. 그는 지금 몸은 힘들지만 행복하다고 했다.

처음엔 '삘짓'이라고 치부되지만, 남들 눈에 보이지 않을 뿐이지 세상에 필요하고 합당한 일이 많다. '찻길을 사람길'로 바꾼 서울의 새로운 랜드마크 '서울로 7017' 개통이 그런 케이스 중 하나다. 사람들은 서울 한복판에 흉물이라고 치부될 고가도로를 어서 빨리 쓸어버리고 주변 정비작업과 함께 완전 새롭게 개발해야 한다고 목소리를 높였다. 반면 공사 초기 남대문시장 상인들은 자동차도로가 사라지면 사람들 발길마저 사라지지 않을까 우려했었다. '자동차 길을 보행길'로 바꾼다고 한들 과연 도시가 새롭게 탄생이 되겠냐는 주변의 냉소 역시 정점에 있었다.

현재 서울시는 도시를 사람에게 내어주는 '고쳐서 다시 쓰는 재생의 시대'의 분수령이 되는 사업이라고 평가한다. 개통 당시 나도 한번 걸어보았다. 기대 이상이었다. 자동차가 점령했던 서울 한복판을 걸어보니 도심 속 오아시스에 온 듯했다. 그래서 난 '서울로 7017'에 후한 점수를 주고 싶다. 며칠 전 서울을 방문한 세계적인 보행전문가 짐 워커도 "서울로 7017은 미래도시 패러다임 변화에 대한 상징적인 프로젝트"라고 평가했다. 특히 그는 "높은 곳, 하이라인에 공원을 만든 사례가 전 세계적으로 12곳이 있는데, 그중에서도 자동차도로를 보행로로 바꾼 것은 서울 7017이 유일하다"고 말했다. '뻘짓'이라고 치부되던 일이 완전히 새롭게 탈바꿈한 대표적 케이스다.

이젠 나의 작은 '뻘짓' 이야기를 해보자. 몇 달 전 대학교 영어 동아리 후배로부터 전화 한 통이 걸려왔다. 신입기수 환영식이 있는데 와달라는 내용이었다. 서울에 있어서 평일에 내려가긴 어렵다고 앵무새처럼 거절의사를 밝혀왔지만, 그날만큼은 달랐다. 후배에게 제안을 하나 했다.

"제가 동아리 수업을 하고 싶은데요. 민폐가 아니라면, 가능할까요?"

대학교를 졸업한 지 11년째다. 직장생활은 10년차, 고향을 떠나온 지 7년차다. '영어동아리 회장의 전화 한 통'은 평소처럼 여건이 안 되니 미안하다며 전화를 끊으면 됐다.

하지만 그 일이 있기 며칠 전, 오랜만에 동아리 선배로부터 반가운 전화가 왔었다. 무슨 취미였는지 그 선배는 동아리 활동 시절의 수업자료를 모두 보관하고 있었다. "형, 혹시 내 것도 있어?"라고 물었다. 아니나 다를까 지금으로부터 13년 전, 정확히는 2004년 6월 'The goal of my own life'라는 제목의 내 발표 자료를 간직하고 있었던 게 아닌가.

스리랑카 여행을 막 다녀온 직후 작성했던 자료였다. 예사롭지 않았던 제목인만큼 그때의 기운이 확 몰려왔다. 그 순간 알 수 없는 무엇이 나를 어딘가로 이끌고 가는 것 같았다.

그리고 13년이 지난 지금 '뻘짓'을 기획했다. 다시 한 번 후배들 앞에서 'The goal of my own life'에 버금가는 'The voice of my heart' 주제로 발표를 하겠다고 제안했던 것이다. 미친 짓이고 오지랖도 넓은 짓이었다.

동아리 회장은 나의 제안을 수락해주었다. 10년 넘게 차이 나는 후배들 앞에서 잘난 척하는 꼰대나 사회에 찌든 아저씨처럼 행동하고 싶지 않았다. 그저 경험에 빗대어 '대학 시절, 내면의 자신과 만나보라'는 내 제안을 한번쯤 생각해보길 바랐다. 하지만 가볍게 생각했던 이 자리는 뒤풀이에서 후배들의 고백들로 가볍지가 않게 됐다. 한 후배의 이야기다.

"다른 친구들이 대인관계나 목표에 대해 고민을 하듯이 저도 많이 하는데요. 군대 갔다 왔는데도 하고 싶은 것도 없고 목표도 없다 보니 학점이 2.0 정도 되더군요. 다시 휴학해서 놀아 보고, 알바도 해보고, 여행도 떠나고 했는데 답이 안 나와요. 일단은 졸업은 해야겠다고 생각해서 다시 학교를 다니고 있는데… 또래 친구들에 비해 좀 늦는 것 같아 마음이 급해지고 있어요. 다른 친구들은 이룬 게 있는 것 같은데 저는 아무것도 이룬 게 없다고 생각되니 자존감도 낮아지고 그러네요. 남들도 똑같이 고민한다는 걸 알면서도 제 고민이 더 커 보이고 그래요."

나 역시 대학에 입학했을 때 무엇을 해야 할지 몰랐고, 앞으로 어떻게 살아야 할지 생각조차 하지 못하게 하는 시선이 너무 싫었던 이야기를 들려주었다. 다행히 나는 밖을 탓하기보다 안으로 집중했고, 그런 도중에 굴레를 벗어나 자유를 만끽할 절호의 기회가 왔었다. 누구도 걸어보지 않았던 길이었기에 황홀하면서도 두려웠다. 그러나 그 길만큼 나를 성장시켰던 적은 없었다. 인생에 답은 없다고 하나, 내면을 탐험하지 않았던 사람은 무엇을 이루어내도 공허하다는 이야기를 해주었다.

먹고살기 바쁜데 못내 지나치지 못하는 내 오지랖 넓은 성격 때문인지도 모르겠지만, 이 역시 남들과는 다른 '삘짓'이었고 남들은 보지 못하는 것을 볼 수 있었던 가치 있는 일이라고 확신했다. 또 아는가? 지금의 이런 작은 행동이 어떤 나비효과를 불러올지 말이다. "군대의 침략은 막을 수 있으나 제때를 만난 사상은 막을 수 없다"라는 빅토르 위고의 말처럼 '젊을수록 내면을 탐험하라'는 나의 '메시지'가 시대의 외침과 만날 때 어떠한 성과가 나타날지는 아무도 모를 일이다.

생각해보니, 내 나이 마흔이 되는 지금까지 남들과 다른 선택을 많이 해왔다. 멀쩡한 은행원이면 은행원답게 살아야 할 텐데, 갑작스런 노동조합선거에 뛰어들지 않나, 노조 간부를 끝내고 3000명이 넘는 기관에 남성으로선 다섯손가락 안에 들 정도의 순번으로 육아휴직을 쓰질 않나, 얼마나 안다고 감히 '책'까지 집필하는 등 '삘짓'을 여전히 감행하고 있다.

물론, 사회적으로는 안정적이고, 봉급도 높은 편에 속하는 은행원이다. 하지만 그 돈 받으며 은행원답게 고분고분하게 살라는 주변의 압박에 굴복하지 않으려고 참 애를 쓰고 있다. 마치 '퇴사학교'의 장 대표가 '무엇을 해야 행복한지', '무엇을 하면서 살고 싶은지'를 스스로에게 질문하는 것과 같다.

앞으로 또 어떤 '뻘짓'을 하고 있을지는 나도 가늠할 수 없다. 내 안에 숨은 가치를 찾아내려는 열정, 그리고 가슴 두근거림과 설렘이 식지 않는 이상 끊임없이 계속될 것만 같다. 삶의 진정한 주인으로 살아내기 위한 나만의 투쟁 방법이다.

토머스 프리드먼은 자신의 저서 『세계는 평평하다』에서 이렇게 말했다.

"평평한 세계에서는 모두가 대체할 수 없는 사람이 되어야 한다. '대체할 수 없는 사람'에 대해 내가 내린 정의는 '그의 일을 아웃소싱할 수 없는 사람'이라는 뜻이다."

평범하고 평평하게 살아가는 사람들이 대체불가능하고 가치 있는 인격체로 거듭나야 될 이유가 바로 여기에 있다. 20대가 되기까지 이 시대의 수많은 청년들의 삶은 진정 나를 위한 삶이 아니었다. 아무리 시대가 어렵고 주변의 목소리가 거세도 문제를 해결할 수 있는 힘은 나에게 있다. *제대로 된 30대를 준비하기 위해선 내면을 탐험하면서 나를 흔들어 놓을 만큼의 '레알 뻘짓'을 감행해야만 한다. 또 다른 모험의 시작이기 때문에 두려운 건 당연하다. 그럼에도 나의 가치를 펌프질할 '모험티켓' 값은 지불할 정도의 결단은 있어야 어제보다 나은 오늘이 되지 않겠는가. 왜? 내 인생이니까.*

저질러야 다음이 보인다

'내가 가는 이 길이 어디로 가는지 어디로 날 데려가는지

그곳은 어딘지 알 수 없지만 오늘도 난 걸어가고 있네.

사람들은 길이 다 정해져 있는지 아니면 자기가 자신의 길을

만들어 가는지 알 수 없지만 이렇게 또 걸어가고 있네.

(중략)

나는 무엇을 꿈꾸는가. 그건 누굴 위한 꿈일까.

그 꿈을 이루면 난 웃을 수 있을까.

지금 내가 어디로 가는 걸까.

나는 무엇을 위해 살아야만 하는가.'

지금은 해체됐지만 2000년 초반을 풍미했던 남성 5인조 그룹

GOD의 '길'이라는 노래 가사 중 일부다. 자신이 지금 어디에 서

있는지 알지 못한 채 길 위에서 스스로에게 질문하고 있다.

다가오는 30대가 한없이 불안한 지금의 20대들에게 너무나 와 닿는 가사다. 물론, 직장생활을 하고 있는 나에게도 이 가사는 울림 있는 메시지로 다가온다.

눈이 나빠지면 안경을 쓴다. 하지만, 삶의 '눈'이 갈수록 침침해진다면 우린 무엇을 해야 할까? 눈을 가리는 '가짜 눈꺼풀'들을 자꾸 벗겨내야 한다. 만약 두통을 잠재울 만큼의 강렬한 영감이 가슴을 두드리고 있다면 그만 고민하고 붙잡아라. 저질러야 삶을 침침하게 만드는 눈꺼풀을 벗겨낼 수 있다. 저지르지 않고선 세상이 얼마나 넓은 곳인지 모른다. 현재 위치에서 내가 가진 고민이 너무나 작게 느껴질 정도로 세상에는 할 수 있는 일들이 지천으로 깔렸다. 무엇보다 자신이 서 있는 위치를 점검하고 다음에 무엇을 해야 할지 모색할 기회를 만들어 준다.

이 책에서 여러 번에 걸쳐서 스리랑카 이야기를 하고 있다. 삶의 흐름을 완전히 바꿔놓은 운명 같은 기회였기에 그렇다. 운명의 시작은 대학 시절 도서관 게시판 앞에서 일어났다. 그날도 영어공부를 위해 도서관으로 발길을 향하는데 게시판에 평소 보지 못한 안내문이 붙어 있었다.

내가 다녔던 전남대는 5.18광주민주화항쟁 당시 최초 사건 발발의 배경이 됐던 곳이다. 전남대 학생과 계엄군이 대치했던 5월 17일, 그로부터 며칠 뒤 쿠데타로 들어선 정권은 정권의 부당성을 부르짖던 광주시민들을 폭도로 간주하며 사상 유례없는 잔혹한 진압작전을 펼쳤다. 비극적이었던 건 무수한 희생자를 낳았음에도 도시 내 어떠한 언론도 이 사건을 보도하지 않았다. 심지어 경찰병력도 정권의 하수인이 되었다. 시민의 희생이 걷잡을 수 없이 커지자, 마침내 광주시민은 스스로를 지키기 위해 시민군을 만들었다. 끝까지 불의에 저항한 시민군과 그들과 함께했던 수많은 시민들의 희생으로 지금의 민주주의를 이루어낸 것이다. 어느 누군가의 말처럼 '민주주의는 불의에 저항하는 시민들의 피와 눈물을 머금고 자란 꽃'이다. 슬프지만 이 또한 역사의 진실이다. 매년 5.18 광주민주화운동 기념행사가 있을 때마다 전국의 수많은 사람들이 행사에 참여하고 희생자를 추모한다.

그러나 정작 광주에서 나고 자란 나는 5.18기념식에 참석은커녕 뉴스로 접한 것이 전부였다. 관심도 없었을 뿐더러 학교에서도 깊이 있게 배우지도 않았다. 그런데 만약 누군가가 5.18에 대해 물어본다면 뭐라고 대답하지? 그 순간 도서관에 영어공부를 위해 책을 바리바리 쌓아 들고 오는 내 모습이 떠오르면서 부끄러워졌다.

'5.18에 대해 잘 모른다는 사실이 왜 부끄러운 거지? 이 지역에 나고 자랐고 대학생인데, 제대로 알고 넘어가야 하지 않을까?'

결국, 휴학 신청을 하고, 해당 단체에 자원활동가로 지원하게 되었다. 부끄러움과 새로운 세상을 알아간다는 설렘으로 저지른 것이다. 본격적으로 5.18에 대해 알아갈수록 내 고향 광주의 아픔에 슬펐다가, 목숨을 걸고 불의에 맞선 시민들의 모습에 숭고함을 느꼈다. 특히 내가 나고 자란 이 도시가 대한민국을 넘어 아시아 인권의 상징도시라는 사실을 확인했을 땐 더할 나위 없이 뿌듯했다. 새삼 자원활동가 모집공고를 보고 행동에 옮겼던 자신이 기특했다. *일단 마음이 가는 대로 저질러보니 새롭게 보이는 게 많았고, 적어도 한 뼘 정도는 성장한 것을 느낄 수 있었다.*

난 국제팀에 소속되어 5.18기념행사에 초대된 외국 손님들의 의전을 맡았다. 다행히 그간 배웠던 영어도 요긴하게 쓰이기도 했지만, 더욱 뜻깊었던 것은 그들 눈에 비친 '광주의 진짜 모습'이었다. 그들이 한 인상 깊은 말이 있다.

"광주는 아시아 인권의 상징이자, 우리가 도달해야 하는 목표이다.”

“광주가 있기에 우리도 할 수 있다는 희망을 갖는다.”

대한민국의, 그리고 광주의 대학생이었으나, 나는 무심하고 무지하게 살아왔었다. 그런데 뜻밖에도 이역만리 떨어진 이분들이 '광주는 대한민국을 넘어 탄압과 인권유린이 벌어지는 우리 나라에서 희망이다'라고 말하는 것이 아닌가. 뭔지 모를 먹먹함이 밀려왔다. 지금껏 내 살 길만 고민해 오던 내가 '아시아가 바라보는 광주'를 접하면서 알 수 없는 화학적 작용이 일었다.

'우리끼리 아등바등 사는 세상만이 전부가 아니었구나.'

어디에 위치한지도 몰랐던 나라에서 광주를 보며 희망을 품는다니! 갑자기 시야가 순식간에 'wide'해졌다. 서울에서 꽤나 먼 곳에 위치해 수십 년 간 낙후된 '우물 안 같았던 광주'에서 아시아 인권의 상징인 '바다 같은 광주'를 느끼게 된 것이다.

그 즈음에 스리랑카와 홍콩에 위치한 인권단체들로부터 인턴 제의가 들어왔다. 더 큰 세상을 가득 담아보고 싶었던 나는 주저할 필요가 없었다.

5.18 문턱을 두드렸던 것은 부끄러움 때문이었다. 그런데 문턱을 넘고 나니 세상은 기대했던 그 이상으로 펼쳐졌다. 만나는 사람들이 다양해지니 교내 대학생활만으로는 느낄 수 없었던 갈증들이 조금씩 해소

이 세상엔 당신의 마음에 들기 위해 무수히 많은 영감들이 떠다닌다는 사실을 아는가? 하지만 내가 알아봐주지 않거나 재면서 시간만 끌면 그 '대단한 영감'은 아쉽게도 다른 사람에게 가거나 사라지고 만다. 『유인력, 끌어당김의 법칙』에 이 같은 상황을 잘 표현한 구절이 있어 소개해본다.

'어떤 주제나 대상에 대해서 주의를 집중하게 되면 그것은 더욱 강해집니다. 그로 인해서 당신의 감정 역시 더욱 강해지게 됩니다. 자신이 바라는 것에 대해 생각하면서, 그 그림에 세부 사항들을 계속해서 첨가하게 되면, 그 생각은 더욱 강해지게 됩니다. 하지만 자신이 바라는 어떤 소망에 대해 생각하다가, 아직도 그것이 오지 않았다는 것에 대해 생각하고, 또다시 그것을 갖게 된다면 얼마나 즐거울지를 생각하다가, 하지만 그걸 가지려면 비용이 많이 들 것인데 자신에겐 그만한 돈이 없다는 생각을 하면서… 그렇게 왔다 갔다 하는 식으로 생각을 하게 되면, 당신의 열정은 시들게 마련이고 당신이 하는 생각들의 위력도 약해지게 됩니다.'

우연을 가장하고 당신 앞에 달려든 '영감'이 있다면 그건 아마도 마음이 갈구하고 있는 것이 분명하다. 붙잡아라. 그리고 그대로 저질러라! 그래야 다음이 보인다.

대세를 따르는 것이 안전하지 않을까라는 생각을 하거나 영혼이 독립적인 사람을 보면 부럽다는 생각을 한다면 그 굴레는 누가 만든 것인가? 다름 아닌 자신이 만든 것이다. 자신이 만든 굴레만이라도 내려놓는다면 모험은 가능하다.

이때는 외면의 가치를 좇는 것이 아닌 내적인 가치를 찾는 안으로부터 모험이어야 한다. 언뜻 보면 모험과 내적인 가치를 탐색하는 것이 상반된 것처럼 보이지만, 자신을 새롭게 발견하는 수단으로 모험만큼 강력한 것은 없다. 진정한 변화란 나를 고치는 것이 아니라 본래의 내 모습으로 돌아가는 것이다. 자, 나를 발견할 모험지수에 열광할 준비가 되었는가?

1단계(점검하기) : 나의 현주소 묻기

- 지금의 나는 외면의 가치와 남의 목소리에 의존해 살아가고 있진 않는가?

2단계(시동 걸기) : 지치고 불안했던 마음을 안정시키는 진짜 질문 던지기

- 평생을 이렇게 살 것인가?/ 나는 변화하고 싶은가?

3단계(깔딱고개 넘기) : 모험 앞에 다시 주저앉으려는 당신에게 필요한 조언들

- 지금껏 버텨왔던 삶은 내가 진심으로 좇던 모습인가?
- 대세를 따르는 게 안전해 보이지만, 그 길에 나만의 길은 없다.
- 내면을 탐험할 수 있는 모험을 지금 하지 않으면 그에 따른 대가는 언젠가 다시 돌아온다.

- 그러니 모험의 선순환을 의도적으로 구축하라.

  즉, 의도적으로 자신의 모든 감각을 열어젖히고 유쾌한 상황을 그려라.

4단계(속도 내기) : 모험으로 발견한 내면의 힘을 성장시키고 유지하기

- 내면의 힘이 문장화되도록 독서에 탐닉하라.

- 독서를 통한 내면의 확장은 물론 생각이 말이 되도록 표현하라.

- 나를 직면하게 하는 '레알 뻘짓'을 다시 저지르고 지속하라.

- 책으로 엮어내겠다는 대찬 시도를 하라(성공한 사람들은 책을 쓴다는 점을 명심하라).

04

나만 간직하기엔 너무 아까운 경험을 해본 적이 있는가?_세계관 구축

진심이 불러온 감동프로젝트

'본인의 삶 중에서 기억에 남는 최고의 순간 및 그 의미를 설명하고, 향후 본인이 원하는 삶은 무엇인지 기술해 주십시오.'

어느 한 대기업의 자기소개서에서 물었던 질문 중 하나다. 상당히 구체적인 질문일 뿐만 아니라 곰곰이 생각하지 않으면 작성 자체가 아주 까다로워 보인다. 그렇지 않아도 힘든 게 너무나 많은 취준생인데 자기소개서 문항마저도 스트레스다. 하지만 '본인'을 '나'로 바꾸고 다시 생각해보자.

'나의 삶에서 최고의 순간은 언제였고, 왜 그렇게 생각하는가?'

'내가 원하는 삶은 무엇인가?'

이는 스스로에게 던져야 될 질문이자 '인생 질문'이다. 삶을 묻는 질문일수록 진심이 담지 않고선 도저히 적어내기 어려운 것도 사실이다. 하지만 자신의 진심과 직면할 기회가 많은 사람일수록 스스로를 엄청나게 성장시키고 주변도 감동시킬 수 있다. 그러니 더는 두려워 말고 갈구해야만 한다.

미화원마저 '사장님'이라고 부르는 기업이 있다. 2017년 6월 30일자 한겨레 신문에 보도된 코레일 청소 용역업체이자 사회적 기업인 '푸른 환경코리아'가 그 주인공이다. 미화원 최숙 씨는 이렇게 말한다.

"앞선 회사에서는 일만 강요했지, 단순 업무라고 우리를 막대하는 게 있었거든요. 그런데 푸른환경코리아 이사님하고는 농담도 주고받아요. 편하게 대화를 나눌 수 있는 본사 직원들은 처음이에요. 우리가 있어서 회사가 존재하는 거라고 하시면서 이사님은 우리를 사장님이라고 불러요. 생각해보니 맞는 것 같아요. 사소한 거지만, 그런 배려가 저희한테는 크게 다가와요." 그래서인지 직원 개개인이 조직을 생각하는 마음이 차츰 달라지고 있다고 덧붙여 이야기한다.

"예전에는 남자 화장실을 청소할 때 고객이 짓궂은 농담을 하면 수치심을 느꼈는데, 지금은 마음이 당당하니까 가볍게 받아넘겨요. 얼마 전 여자 화장실에서 고객 한 분이 어쩔 줄 몰라 하시더라고요. 사정을 물어보니 때가 아닌데 갑자기 생리가 터졌다고 하는 거예요. 그런데 하필 흰 바지를 입고 계셨어요. 그래서 제가 근처 편의점에 가서 속옷을 하나 사고, 탈의실에 예비용으로 갖다 놓은 바지를 함께 드렸죠. 그런데 그분이 고맙다고 코레일 본사로 연락해서 상을 받았어요. 전에는 대충 하고 갈 때도 있었는데, 지금은 회사에 폐를 끼치지 않으려고 다들 열심히 하고 있어요."

회사의 설립목적이 '취약계층에게 품격 있는 양질의 일자리를 제공'하는 것이기에 현장 직원을 제대로 대우하는 건 당연한 것이라고 말하는 회사 경영진. 그런 경영진과 직원들 간의 상호신뢰가 보여준 결과는 희망적으로 보인다. 이 회사는 2013년 코레일이 전국 용역업체를 대상으로 실시한 청소품질평가에서도 1위를 차지해 계약금액의 1%를 인센티브로 받는 등 전문성과 책임성을 인정받았다. 현재는 대기업과 국민안전처 등 정부, 지자체의 시설, 보안관리까지 맡고 있다고 한다. 회사가 직원을 섬기니, 직원은 회사를 위해선 시키지도 않은 일을 찾아서 할 정도로 주인의식을 가지게 됐다. 당연히 고객들의 평가는 더욱 좋아졌고 그게 곧 회사의 강점이 되었다. 현장 직원인 미화원을 사장님이라고 부르는 회사 경영진의 '진심'이 불러온 놀라운 변화다.

2005년 2월, 두 번째로 찾았던 스리랑카에서 쓰나미 긴급구호활동을 마쳐갈 즈음이었다. 구호활동을 하며 또 한 번 성장할 수 있었다. 그래서인지 나 혼자 간직하기엔 아깝다는 생각이 들었다.

'학교 후배들도 이런 경험을 해보면 어떨까? 그들도 나처럼 벅차하지 않을까?'

상상해 보았다. 비슷한 경험을 한 후배들과 내가 만나 대화한다면 그 또한 가슴 뛰는 일이 아닐까?

6미터 이상의 쓰나미가 들이닥친다는 소식을 접했음에도 왜 사람들은 높은 곳으로 피하지 않았을까? 뒤도 보지 않고 무조건 내륙으로 달렸더라면 이렇게 많은 희생자는 발생하지 않았을 텐데…. 천년 만에 발생했다는 쓰나미는 일순간에 사람들의 혼을 뺏고, 순간의 판단으로 삶과 죽음으로 갈라 놓았다. 일단 벗어나겠다는 일념하에 해변을 따라 늘어선 기차나 버스에 올라탄 사람, 그와는 반대로 내륙의 높은 지형을 찾아 피신한 사람. 결국 재차 들이닥친 쓰나미는 해변도로를 달리던 기차와 버스를 덮치고 말았다.

'내륙 어느 높은 곳으로만 달렸더라면?'

바로 이 질문으로부터 모든 게 시작됐다. 지금 이곳에서 필요한 건 재발방지책이었다. 그중에 핵심은 아이들을 위한 쓰나미 예방교육이었다. 생각은 계속 발전되어 재해예방교육을 목적으로 교수와 대학생으로 꾸려진 해외봉사팀을 기획하기에 이르렀다.

마침 한국에는 나와 생각을 같이했던 친구가 있었다. 우리는 바로 실천으로 옮겼다. 친구는 전남대 대외협력처장을, 나는 스리랑카 현지 마타라(Matara) 대학 부총장을 찾아갔다.

"부총장님, 저는 쓰나미 피해복구를 위해 이곳 마타라에서 한 달간 구호활동을 하고 있는 한국 대학생입니다. 제가 이 자리에 온 이유는 다름이 아니라, 제가 속한 대학과 마타라 대학이 연계해 쓰나미 재해예방교육을 만들어보면 어떨까 제안을 드리기 위해서입니다."

내가 무슨 일로 찾아왔는지 어느 정도 전해 들은 현지 대학 부총장은 다행히도 긍정적인 반응을 보여주었다. 아니, 오히려 한국에서 도움을 준다는 것에 무척 반겨주었다. 대화를 하면서도 가슴이 콩닥콩닥했다. 일이 되게끔 뛰고 있다는 것 자체가 흥분되는 순간들이었다.

그러나 호사다마라고 했던가. 한국으로 복귀하여 당시 전남대 대외협력처장을 설득하기는 만만치 않았다. 처장은 브리핑하던 우리에게 "4학년생인 너희 둘은 무슨 목적으로 이렇게 열심히 하느냐?"고 물었다. 취업을 위한 스펙용이 아니냐는 의구심으로 질문한 듯했다. 우리의 순수함이 오해받는 거 같아 순간 욱했지만, 섣부르게 행동했다가 그동안 쏟아낸 모든 수고가 허사가 될 판이었다. 다시 진심을 담아 설명한 뒤, 이렇게 말했다.

"이 프로그램으로 후배들이 얻을 경험의 가치는 대단할 겁니다."

이윽고 대외협력처장은 우리 둘에게 마지막 주문을 내렸다.

"좋다. 대신 한 대학의 일방적인 원조보다는 두 대학이 모두 원하는 감동프로젝트를 만들어봐라."

'감동프로젝트'는 바로 대외협력처장이었던 교수님이 내신 아이디어였다. 그런데 두 대학이 원하는 감동프로젝트는 말처럼 쉽지 않았다. 서로가 원하는 감동프로젝트라는 화두는 이전까지 생각해보지 못했던 것이었다. 그러나 그 고민하는 시간마저 행복했다. 일방적인 원조는 상대방에 대한 진정한 배려가 아닐 수 있다. 또 무의식적으로 자칫 우월감으로 이어질 수 있다. 선의를 가지고 있어도 상대방의 입장을 고려하지 않는 도움은 무의미하며, 오히려 그들의 감정을 훼손시킬 수 있어 더욱 조심스러웠다.

접점을 찾으면서도 진심을 담는 법, 고민의 정도가 한없이 깊었다. 끊임없이 생각을 걸러내고 솎아낸 결과, 스리랑카 현지 대학과 전남대는 '아시아연안재해휴먼스쿨'이라는 프로젝트를 탄생시키게 된다. 현지에서 1,600여 명에 달하는 학생들에게 재해 예방과 실천의 중요성을 알리면서도 절묘한 조합을 이끌어 냈던, 내 인생의 새로운 성공 페이지였다.

전 세계인들에게 잊을 수 없는 역사적인 사건이 있다. 1970년 12월 7일 폴란드의 수도 바르샤바, 서독 총리 빌리 브란트는 마침내 '게토 희생자 추모비' 앞에 멈춰 섰다. 그는 꽃을 헌화하고 천천히 뒤로 물러났다. 잠시 정적이 흐르더니 이내 털썩 무릎을 꿇었다. 갑작스런 상황에 참모들은 말할 것도 없고 수많은 기자들조차 당혹스러웠다. 혹시나 총리가 기절한 거 아니냐며 사람들은 웅성거렸다. 그러나 빌리 브란트는 기절한 것이 아니었다. 흐느껴 울고 있었다. 제2차 세계대전 당시 나치에 의해 희생된 폴란드인에게 진심 어린 사죄를 했던 것이다. 추모비 앞에서 희생된 사람들을 애도할 것이란 예상은 했었지만 축축한 바닥에 무릎을 꿇고 흐느껴 사죄할 줄은 누구도 예상을 못했다. 빌리 브란트의 사진은 다음 날 수많은 언론사에서 대서특필된다. 그의 이러한 행동은 나치의 나라, 전범국 독일에 대한 전 세계인들의 증오심과 선입견을 돌려놓았다. 어느 한 기자가 묵념을 마치고 돌아서려는 빌리 브란트에게 질문을 했다.

"지금 총리님께서 하신 행동의 의미가 무엇입니까?"

"인간이 말로써 표현할 수 없을 때 할 수 있는 한 가지 행동을 했을 뿐입니다."

이를 두고 언론들은 '무릎을 꿇은 것은 한 사람이었지만 일어선 것은 독일 전체였다'고 평했다.

독일 젊은이들은 '가장 좋아하는 독일 정치인'으로 빌리 브란트를 뽑는다. '독일 통일의 아버지'라고 불리는 그는 과거의 잘못에 대해서 진심으로 용서를 구했다. 이후 동독과 서독의 통합에 있어 우호적인 분위기를 이끌었고 결국엔 독일 통일을 이뤄냈다.

이것이 바로 진심과 진심이 만난 역사적인 '감동프로젝트'의 대표적 사례가 아닐까? 이후 주변국과의 우호적인 관계를 바탕으로 독일 경제는 엄청나게 성장하게 된다. 빌리 브란트의 진심이 담긴 행동이 시발점이 되어 지금의 독일을 만들었다고 해도 과언이 아니다.

이처럼 개인이나 조직이든 아님, 한 나라의 일이든 각각의 감동프로젝트가 성공하기 위한 첫 번째 조건은 자신은 물론 상대방에게도 진실해야만 한다는 점이다. 즉, 진심이 담겨야 감동프로젝트라고 부를 수 있다. 그렇다면 일을 할 때 진심을 쏟아낼 수 가장 좋은 방법은 무엇일까?

한 기업의 자기소개서 질문이었지만 '본인'을 '나'로 바꿨던 그 질문을 다시 적어본다.

'나의 삶 중에서 최고의 순간은 언제였고 왜 그렇게 생각하는가?'

'내가 원하는 삶은 무엇인가?'

이 질문에 나의 진심을 담아보라. 아마도 그 과정에서 나 자신을 수차례 직면하게 될 것이다. 나아가 주변을 감동시키는 값진 경험을 해보자. 누군가에게 감동을 준다고 하지만 그건 결국 자신을 감동시키며 성장시키는 일이다. 다른 사람들의 감동이 곧 자신의 삶을 더욱 풍요롭게 살찌우는 '감동프로젝트'. 당신에게도 당연히 일어날 수 있는 일이다.

닥치고 합격?

한국의 수많은 청년들 역시 자신이 진정으로 원하는 것이 무엇인지 충분히 생각하지 못한 채 취업이란 문턱에 떠밀려 나간다. 엄청난 불안과 압박을 버텨가면서 말이다. 수년이 지난 인터넷기사이지만 그때나 지금이나 크게 다를 바 없어 보인다.

"졸업을 앞둔 대학교 4학년 212명을 대상으로 설문조사를 실시한 결과, 전체 응답자의 5명 중 4명 꼴인 82.1%가 졸업을 앞두고 불안함, 극심한 스트레스를 느끼는 일명 '4학년증후군'에 시달리고 있다고 응답했다. (중략) 그렇다면 '4학년증후군'의 원인은 무엇일까? 대학교 4학년 재학생이 가장 스트레스를 받는 때는 언제인지 물어봤다. 전체의 24.1%는 '앞으로의 진로와 미래를 생각할 때'라고 답했다. 뚜렷한 목표의식 없이 학생 신분에서 사회로 나가는 것에 대한 불안함과 막연함이 4학년증후군으로 이어지고 있음을 보여준다."

4학년증후군은 나에게도 여지없이 찾아왔다. 나는 어떤 일에 대략 감이 잡히고 마음이 기울면 일단 저지르는 타입이었다. 그런데 평소와는 다르게 감을 찾지 못한 채 주춤하고 있었다.

'지금 사회에 나가는 게 괜찮을까, 나 준비된 거 맞아?'

스리랑카를 통해 인생의 전환점을 맞았던 나는 스펙을 위한 자격증이나 영어점수 따기에 게을렀고 관심도 크게 없었다.

'도대체 나는 어떠한 삶을 살아야 만족하는 걸까?'

괜찮아 보이는 회사에 마구잡이로 입사원서를 내는 일은 몸에 맞지 않는 옷을 억지로 입듯 불편하기만 했다. 그러나 취업을 하지 못하면 내가 살아온 인생마저 부정되고, 그저 생각 없는 놈으로 치부되는 것이 현실이었다. 취업경쟁이라는 대홍수에 나만 떠밀려 내려가지 않을 방법은 없어 보였다.

분명한 위기였다. 한 친구는 매일 새벽마다 고시원 앞 PC방에 들러 무수히 많은 회사에 입사원서를 찍어내듯이 쓰고 있었다. 그 친구는 결국 코피가 터졌다. '참, 대단한 놈이다'라는 생각이 들면서 '왜 코피가 날 정도로 온갖 회사에 입사원서 내는데 사활을 거는 걸까?' 도대체 이해가 가지 않았다. 그는 내게 일단 어디든 넣는 것이 우리가 할 수 있는 최선이고 어떻게든 면접이라도 봐야 감이 생겨 합격의 가능성을 높일 수 있다는 꽤나 전략적인 이야기를 해줬다. 4학년생으로서 해야 될 일을 '척척' 해나가는 것처럼 보였다.

그런데도 나는 아직 원서를 써낼 자신이 없었다. 자기소개서에 나를 어떤 식으로 표현할지부터가 정리가 되지 않았다. 궁극적으로는 '내가 사회에 지금 나가도 되는가?'라는 근본적인 질문에 대한 답이 안 나오고 있었다. 친구는 스님의 죽비처럼 '어른 같은 말'만 마구 쏟아냈다.

"넌 아직 정신 못 차렸어. 남들은 졸업하기 전에 어떡하든 사회에 진출하려고 안간힘을 쓰는데, 세월만 보내는 게 제정신이냐! 얼른 정신 차리고 너한테 맞는 회사부터 조사하고 여기저기 원서부터 써."

"솔직히, 난 아직이다. 조언은 고맙지만, 내가 잘 안 움직여."

친구한테 그렇게라도 내 생각을 뱉고 나니 가슴은 후련했다. 하지만 결국 사회에서 낙오자가 되면 어쩌지라는 두려움과 '경험하는 셈 치라'는 친구의 말에 흔들리게 되었다. 몇 군데를 골라 원서를 썼다. 그러나 쓰는 내내 '내가 이 회사에서 무슨 일을 어떻게 하겠다는 거지?'라는 본질적인 질문에 스스로 만족스런 답을 할 수 없었다.

자랑스러운 아들과 존경받는 선배가 되기 위해선 모든 노력을 쏟아내라는 나와, 사회에 진출하기엔 아직 부족하니 영혼 없이 원서 쓰는 것을 이쯤에서 멈추라는 또 다른 내가 있었다. 다들 정신없이 앞만 보며 뛰는데, 도리어 뒷걸음질 치는 듯한 나를 보는 것 같아 심정이 더 복잡했다.

그렇게 시간을 보내던 중 반가운 소식 하나가 들려왔다. 국책은행 한 곳으로부터 서류 전형에 합격했다는 메일을 받은 것이다. 생각지도 않았던 행운이었다. 국책은행 입사지원은 이상과 현실의 접점이라 생각하고 한 일이었다. 내가 걸어온 삶을 부정하지 않고 연결시킬 수 있는 직장이 발견된다면 움직이지 않을 이유는 없었다.

이 부분을 좀 더 풀어쓰면 이렇다. 스리랑카에서의 삶이 직업으로 보였던 게 딱 한 번 있었다. 긴급구호활동 당시 국제회의에서 한 호주인을 만났다. 국제기구에 소속된 그는 아시아 한복판에서 지역개발 프로젝트를 담당하는 매니저로 종횡무진하고 있었다. 그를 보고 처음으로 '나도 저런 일을 해보고 싶다'는 마음을 가졌었다. 문제는 내가 처한 현실과 어떻게 접목시킬 수 있느냐는 점이었다. 한동안 관련 인터넷 카페에 가입해 국제기구에 들어갈 수 있는 방법들을 찾아봤다.

'국제기구 직원이 되는 방법'

글쓴이는 과거에 평범한 국책은행 직원이었는데, 그가 국제기구에 채용될 수 있었던 가장 큰 이유는 은행에서의 업무 경험이라고 했다. 인턴보다 직장 실무경험이 많은 사람이 국제기구의 정식직원 되기가 더 수월하다는 거였다.

'이럴 수가! 해외석사과정 등을 거치고 수많은 인턴 생활을 하고도 채용될까 말까한 일을 국책은행에 들어가면 이 모든 단계를 한 번에 해결할 수 있다니…….'

물론 가능성의 이야기였다. 하지만 나에겐 이미 확정처럼 다가왔다. 더군다나 취직만 한다면 생계는 당연히 해결되고, 그동안 그려온 꿈마저도 포기할 필요가 없으니 이 얼마나 절묘한 접점이었던가.

그렇게 나름 생각을 정리하던 차, 국책은행 한 곳에 채용공고가 났고 처음으로 심혈을 기울여 원서를 작성했던 것이다. 사실, 입사원서의 내용 대부분이 스리랑카 이야기로 채워져 있었던 만큼 서류전형 합격의 기대치는 그리 높지 않았었다. 그런데 합격 소식이 전해오니 가뭄의 단비요 나를 한번쯤 세상 밖으로 꺼내볼 기회였다. 필기시험을 준비하는데 한 달의 시간이 주어졌다. 합격이란 꿈을 안고 도서관에서 살다시피 했지만 아쉽게도 취업으로 연결되지 못했다. 하지만 희망을 보았다. 경제학 공부에 흥미가 생겼고, 나에게 1년 정도 버틸 만큼의 엉덩이 힘이 있다면 이 일은 도전해볼 만한 가치가 있어 보였다.

그렇게 졸업 후, 1년간 백수의 삶을 선택하게 된다. 이 시절은 시련이라면 시련이었다. 생전 처음 사람들로부터 잊히고 싶었으니 말이다. 그때의 이야기는 이 책에 따로 서술했을 정도로 할 말이 많다. 다만, 내가 말하고자 하는 바는 4학년증후군이란 증상의 본질은 결국 '나'로 귀결된다는 점이다.

서두에서 언급한 설문조사의 마지막 질문이 인상 깊다. '졸업까지 남은 기간 동안 가장 이루고 싶은 것은 무엇입니까?' 그 첫 번째가 '어디든 취업(50.5%)'이었다. 백수 시절, 나도 그랬다. 어서 빨리 백수에서 벗어나 나를 짓누르는 모든 압박과 불안을 털어내고 싶었다. 그러나 세찬 바람에 뿌리째 흔들리거나 뽑혀버린다면 그 '나무'는 죽고 만다. 나를 제대로 탐색하지 못한 채 주변의 시선과 압박에 흔들려 정신없이 취업한 순간, 그 인생은 더 이상 내 인생이 아니다. 뿌리 없이 떠다니는 부유물 같은 인생이 될 수 있다.

사실, 어디든 취업만 하자는 생각만큼 비전략적인 사고도 없다. 『있는 자리 흩뜨리기』에 소개된 정치학자 이반 아레귄-토프트의 전쟁을 분석한 글이 이를 잘 말해주고 있다.

'인구와 군사력에서 열 배 이상 차이 나는 강대국과 약소국 간에 전쟁이 벌어졌을 때 약소국이 이긴 비율이 28.5%였다. 그러나 약소국이 강대국이 원하는 전쟁의 방식을 거부하고 비전통적 또는 게릴라 전술을 사용했을 때 약소국의 승률은 63.6%로 뛰어오른다.'

약소국의 승리는 자신만의 방식을 찾아 승부했기에 가능했다. 자신만의 방식은 나를 탐색하지 않고선 불가능하다. 비전통적 방식이나 게릴라 전술은 무리를 지어 함께 움직이며 느낄 수 있는 안전함은 결여되어 있다. 하지만 자신만이 갖고 있는 화력과 전술을 전부 끄집어내어 활용할 수 있기 때문에 반전도 일어날 수 있는 것이다.

뚜렷한 목적의식이 없다면 4학년증후군은 사라지지 않는다. 사회에 진출하거나 멋진 30대가 되기엔 아직 스스로 준비되지 않았다고 느낀다면 잠시 자신을 점검해보자. 오늘 하루도 나를 탐색하기보단 주변의 시선 탐색에 더 열을 올리진 않았는가? 다가오는 30대를 멋지게 준비하고 싶은가?

63.6%라는 약소국의 승률을 기억하자. 자신만이 가진 진짜 보물, 그 '뿌리'를 찾아 나설 용기가 지금 순간에 너무나 절실하다. 자신만의 공간과 시간을 확보하고 스스로에게 질문을 던져야 한다. 신은 야속하게도 그 고민을 얼마나 깊게 했느냐에 따라 인생의 과실을 정확하게 배분해준다. 결국 모든 게 '고민하고 행동하기 나름'이다.

죽을 때 '나라는 작품'에 감동할 수 있다면

'취준생들이여, 눈높이를 낮춰라!?'

최악의 취업난이지만 대기업과 중소기업 간의 일자리는 미스매칭. 그러니 눈을 낮춰야 취업도 하는 거 아니냐며 기성세대는 지적한다. 그러나 눈을 낮추면 3포세대(연애, 결혼, 출산을 포기)의 운명을 지고 가야 한다며 청년은 반박한다. 팽팽한 신경전으로 서로가 열을 올리는 것처럼 보인다. 하지만 끝이 없을 것 같은 현실에서의 논쟁보다 더 우선되는 게 있다. 밖의 소리보다 내 안의 소리를 듣는 것. 지쳐 있고 흔들리고 있다면 지금 '나 자신'에 집중해야 할 때다.

나 자신에 집중하는 건 다름 아닌 '나를 찾아가는 여정'에 끊임없이 뛰어든다는 뜻이다. 이 여정을 통해 바로 선다면, 사회적 문제 역시 제대로 바라볼 수 있을 것이다. 시류의 편승이 아닌 나를

방점으로 문제를 바라보는 힘, 그 힘을 기르는 것이 앞으로 살아
갈 날이 많은 청년들이 진짜 해야 할 일이다.

내 인생의 첫 비행기 탑승이었던 스리랑카 여행이 쉽게 이뤄진
건 아니었다. 부모님은 그 나라가 도대체 어디에 붙어 있는 나라
냐, 치안도 안 좋은 나라라고 하니 절대 가지 마라, 후진국에 가서
도대체 뭘 보고 배우고 오겠냐 등 하나부터 열까지 마음에 안 들
어 하셨다. 생전 처음 들어본 나라를 가겠다는 자식을 걱정하는
부모의 마음은 어쩌면 당연하다. 그때 형이 나섰다.

"아버지, 도권이 보냅시다. 저도 대학생활 내내 한 번도 해외에
나가보지 못한 것이 큰 아쉬움으로 남는데, 생전 들어보지 못한
곳이라고 해도 그 나라에서 배울 게 아예 없진 않을 겁니다. 지금
우리 형편에 어학연수로 미국이나 캐나다 같은 곳은 보내기도 어
렵잖아요. 돈도 거의 안 들이고 다녀온다는데 못 보낼 이유가 있
어요? 중요한 건 지금 안 나가면 나처럼 많이 후회할 지도 몰라
요. 그러니 보내줍시다."

완강했던 아버지는 결국 허락해주셨다. 세상 밖을 경험하는 것
이 남는 것이라는 형 이야기는 나로 하여금 제대로 된 여행을 해
야겠다는 굳은 다짐을 하게 했다.

'가보자! 닥치는 대로 무엇이든 온전히 내 것으로 만들어보자!'

그런데 만일, 인생 최대의 티켓을 붙잡지 않았다면 나는 지금 어디에서 무엇을 하고 있을까? 잠시 생각해보니 지극히 평범하게 타인의 삶 속에 들어앉아 있을 모습이 그려진다. 그러면서 '미지의 세계'를 탐닉하지 못했던 그때의 선택을 후회하며 깊은 한숨만 쉬고 있을 모습 역시 상상이 된다. 당연히 이 책도 탄생하지 못했으리라. 정말 상상하고 싶지 않은 가정임이 분명하다.

'새로운 세상을 보기 위해 여행을 떠나는 것이 아니라, 세상을 보는 새로운 눈을 뜨기 위해 떠나는 것'이라는 말이 있다. 이 여행은 나에게 세상 보는 눈을 선물해주었다. 그러나 유효기간이 있었다. 끈질긴 '외부 시선'과 '밥벌이에 대한 구속' 때문이었다.

어렵게 취직이 된 후, 솔직히 두둑한 월급이 주는 '달콤함'과 남들이 부러워하는 '안정감'을 놓고 싶지 않았다. 오히려 그런 모습에 부응할수록 나는 썩 괜찮은 인간이 된 것처럼 보였다. 아내와 딸들에게는 미안하지만 그 삶 속에서 반대로 '나'는 서서히 사라지는 듯했다. 정비할 계기가 필요했다. 그즈음 책을 써야겠다고 마음먹었다.

지금껏 살아오면서 기억하고 싶었던 것들만을 골라 목차를 만들어 보았다. 순식간에 나의 삶을 파노라마로 관람한 듯했다. 신기했던 건 그 기억하고 싶었던 것들은 곧 내가 원했고, 선택했던 것이었다. 더 매력적이었던 것은 기억에 온전하게 살아있는 감정들과 기록들을 찬찬히 읊조리면서 내가 가진 보물이 얼마나 많을 수 있는지 깨닫게 되었다. 『익숙한 것과의 이별』의 구본형 작가가 말하는 '책을 쓰는 의미'가 이런 나를 잘 대변해주고 있다.

"나는 이 책으로 인생을 다시 시작할 수 있었다. (중략) 무엇보다도 내가 가지고 있는 내면의 자산을 끌어다 쓸 수 있는 사람이라는 것을 알게 되었다. 그것은 행운이었다. 왜냐하면 그 사실을 알게 된 다음부터 가난에서 벗어날 수 있었기 때문이었다. 가난이 지독히 나쁜 이유는 하기 싫은 일을 어쩔 수 없이 하게 만들기 때문이다. 내 안에 얼마든지 쓸 수 있는 엄청난 유산이 매장되어 있다는 것을 깨닫는 순간, 나는 가난이라는 어쩔 수 없는 상황에서 벗어날 수 있었다. 내 안에 얼마나 많은 것들이 숨겨져 있는지 얼른 꺼내보고 싶다. 선물을 받은 아이가 포장을 뜯어보고 싶어하듯이 이 책은 껍질을 뜯고 나의 내면을 탐구하고 싶은 욕망을 불러일으켰다."

엄청난 동기부여와 흥분을 안겨주는 말이었다. 인생 1장이 여행을 통한 삶의 첫 전환점이었다면, 2장은 책 쓰기로 또 다른 '미지의 세계'에 대차게 나를 밀어넣는 두 번째 전환점이다. 그래서 다시 설레는가 보다. 무엇보다 여행과 책은 '나를 찾아가는 여정'이라는 공통점이 있다. "평생 '나답게 사는 것'이 무엇인지 고민하며 살아왔지"라고 외치는 어느 노 교수의 말처럼 나 역시 끊임없이 질문하고 답을 찾으려 애쓰고 있다. '여행'에서 '책'이라는 도구만 달라졌을 뿐이다.

그런데 왜 '나를 찾으려는 고된 여정'에 굳이 몸을 또 던지려고 하는 걸까? 이른 새벽부터 일어나 이처럼 고달프게 책을 쓰고 있는 이유가 도대체 무엇이냐는 거다. 인생을 지금보다는 더 잘살고 싶어서다. 한 번뿐인 인생, 어떻게 살아야 후회가 없을까 고민하다 나온 산물이자 몸부림이다. 그런데 기분 좋고 설레는 몸부림이다.

이것을 'lifework'를 찾기 위한 과정이라고 칭하는 사람이 있다. 일본의 괴짜 시인이자 록가수이며 사업가인 다카하시 아유무가 그 주인공이다. 그는 『Love & Free』라는 책으로 베스트셀러 작가가 된다. 선물 받은 책이었는데, 매 꼭지마다 설레이는 내용이 가득했다. 그중에서도 한 장면이 생각난다. 다카하시 아유무와 그의 여자친구는 타이의 팡가만이라는 곳을 가기 위해 배에 올라탄다. 그 배에 KFC 할아버지 비주얼의 노인이 아유무 옆자리에 앉게 되었는데, 대뜸 이렇게 묻는다.

"자네의 Lifework는 뭔가?"

이 아저씨는 이름도, 국적도, 직업도 아닌, 'Lifework'라는 생전 처음 들어본 단어를 제일 먼저 물었다. 솔직히 그런 단어를 생각조차 해본 적 없던 아유무는 잠시 고민을 하더니 이렇게 말한다.

"강하고도 부드러운 위대한 남자에 대한 동경이라고나 할까요."

그런데 난, 이 대답보다 그가 책에 풀어놓은 글귀가 더 와닿았다.

'자신의 일생을 걸고 쫓는 테마, 좋아하는 방식으로, 좋아하는 페이스로, 좋아하는 것을 자기 나름대로 찾아가는 작업'

위의 표현은 '나를 찾는 여정'이나 평생 '나답게 사는 것'을 찾는 일과 다르지 않아 보인다. 그래서 라이프워크를 찾는 행위 자체는 스스로 평범함을 넘어 '자신만의 특별함'을 찾아내려는 치열한 몸짓이라 부를 만하다.

나의 최근 이야기로 돌아와 보자. 회사생활에서 평판은 중요하다. 그런 내가 노조 간부를 하고서 육아휴직을 결행했다. 책을 쓰는 것도 그렇고, 보수적인 조직에선 자꾸만 조직생활에 부적응한 사람처럼 보일지 모르겠다. 그래서 꽤나 오랫동안 고민을 했다.

'노조 간부로 3년을 보내고선 은행에 복귀하지 않고 육아휴직을 쓴다? 넌 도대체 뭔데?'

'지금까지 쌓아놨던 좋은 평판은 싹 날아가는 거야. 딴 생각하

지 마. 그냥 복귀해.'

남들의 비아냥거림이 나를 흔들었다. 그럼에도 나는 휴직을 선택했다. 나를 위한 쉼이 필요했고, 이제 갓 태어난 둘째 아이와 함께할 수 있는 시간도 필요했다. 경제적인 어려움보다 마흔을 앞두고 인생을 정비하고 넘어가야겠다는 의지가 더 앞섰기에 가능한 일이었다. 수개월이 지난 지금, 선택의 후회는 없다. 이보다 더 소중한 것은 없다고 매일같이 외치며 산다. 돌이켜보면 스리랑카의 인생 여행이 그랬고, 지금의 육아휴직과 책 쓰기도 같은 선상에 있는 듯하다. 다소 무모한 행동이었지만 이 또한 내가 책임지며 살아갈 일이다. 내 인생이니까.

"사람들은 20, 30대를 좋아하지도 않는 일에 묻혀 지내지. 물질적인 보상이 꽤 크거든. 40대 혹은 50대가 되면 그중 똑똑한 사람들은 지금 하는 일을 다시 생각해보지. 일에 관한한 '평범한 사람 증후군'을 넘어서야 한다고 생각한다오."

70세 이상 노인들과의 인터뷰를 엮어 만든 『내가 알고 있는 걸 당신도 알게 된다면』의 한 노인의 말이다. 지금처럼 살고 싶다면 나의 이야기를 귓등으로 넘겨도 될 것 같다. 하지만 지금부터라도 자신의 Lifework, 즉 나를 찾으려는 여정에 대해 깊게 고민하고 한 발짝 움직이겠다 결심했다면, 잠시 멈춰 서서 물어라.

'죽을 때 '나라는 작품'에 감동하고 싶다면 이 순간부터 내가 무

엇을 해야만 하지?'

『Love & Free』에 이런 멋진 구절이 있다.

"미래를 위하여 오늘을 견디는 것이 아니고, 미래를 위하여 오늘을 즐기며 사는 것이다."

"정말로 소중한 것 이외에, 모든 것을 버리면 좋을 것을."

우리 모두는 절대 평범하지 않다

‘어느 구름 낀 오후에 일이었다. 조지와 마치는 미시간 애비뉴를 걷다가 갑자기 살아 있음을 느꼈다. 그것은 전혀 예기치 못한 일이었다. 마치는 자신이 숨을 쉬고 있고, 심장이 뛰고 있으며, 지금 미시간 애비뉴를 걷고 있다는 사실을 처음으로 느꼈다. 그리고 지금까지 이 세상이 돌아가는 동안 그 영원한 세월 내내 자신이 죽어 있었음을 갑자기 깨달았다. 지금 이 순간, 자신이 진정으로 살아 있음을 느낀 것이다. 조지는 이것이 자신의 인생, 자신의 하나밖에 없는 유일한 삶이라는 것을 깨닫고 가슴이 벅찼다. (중략)

너무도 많은 사람들이 과거 속에서 산다. 내일을 너무 심각하게 생각한다. 그리고 타인에 대한 분노를 가슴에 품고 산다. 그들은 매 순간 어디론가 달아나려고 애쓴다. 자기 자신을 잃어버린다. 또한 자신이 살아 있다는 정말 중요한 사실을 잊는다. 그 사실을 잊을 때 우리는 죽은 사람이 된다. 그러므로 갑자기 살아 있다는 것을 느낀다는 것은 이 세상에서 가장 신기하고, 낯설고, 이상한 일이다. 진정으로 산다는 것, 진정으로 살아 있다는 것, 백 퍼센트 살아 있다는 것, 삶을 위하여! 살아 있는 사람을 위하여! 조지와 마치, 그들은 정말 신기한 사람들이다.'

이 글은 미국 변호사 협회에서 기자로 일하던 댄 헐리라는 사람이 어느 중년의 남녀 한 쌍의 손님을 바라보며 써내려간 60초 소설이다. 어떻게 60초 소설이라는 것을 쓰게 되었을까? 1982년 10월, 출근길 버스 안에서 직장 동료들과 할로윈 축제 때 어떤 옷을 입을까에 대해 이야기하다 문득 이런 생각을 하게 된다.

"이러면 어떨까? 옛날 담배 파는 여자들처럼 타자기를 어깨에 짊어지고 군중 속을 돌아다니면서 '짧은 이야기, 시, 소설, 어느 것을 원하세요? 원하는 대로 써드립니다' 하고 말하는 거야."

길거리에서 60초 소설을 쓰겠다는 댄 헐리의 상상력도 기가 막히지만 그의 첫 데뷔작이 되었던 조지와 마치 이야기는 나의 가슴을 뜨겁게 하는데 부족함이 전혀 없다. 짧은 소설이지만 주는 감동이 크다.

어떻게 이런 일을 계획했을까? 기자라는 직업에 지친 그가 상상하는 것만으로도 흥분되고 설레는 일을 찾아 나선 결과이지 않을까? '조지와 마치'라는 첫 소설을 시작으로 1999년에 22,613편이 담긴 『60초 소설가』라는 책까지 내게 된 그는 말 그대로 인생이 바뀌었다. 「피플」지는 그를 두고 '거리의 셰익스피어'라고 표현했다. 평범한 변호사협회의 기자에서 거리의 셰익스피어가 되기까지 그는 자신만의 이야기를 만들어 낸 '진정으로 살아 있는 사람'이 되었다.

2013년 2월, 첫째 딸인 '연우'가 태어났다. 출산 후, 아내와 아이는 조리원에서 보름 정도 지냈고, 나는 조리원에서 출퇴근을 했다. 갓 태어난 딸아이와 눈맞춤에 행복한 날들이 이어지던 어느 늦은 밤, 고요한 산후조리원 휴게실에서 노트북을 켰다. 잠시나마 주어진 마음의 여유가 생뚱맞은 상상을 돋우고 있었던 것이다.

'진로를 탐색 중이거나 인생의 고민이 많은 후배들에게 도움을 줄 수 있는 게 뭐 있을까? 모든 인맥을 동원해서 내가 아는 직장인들을 모아보면 어떨까? 선배들을 100명만 모아도 수십 개의 직업군이 만들어질 텐데 서로 잘 연결시켜 준다면 볼만하겠는걸. 진짜 살아 있고 필요한 지식을 전달해 줄 수 있을 거야. 한번 만들어보자.'

그래서 만들었던 게 점과 점의 연결이란 뜻을 담은 선후배 소통 플랫폼 'Spot Matching'이라는 인터넷 카페였다. 왜 하필 첫아이가 태어날 그 즈음에 이런 발상을 나는 하고 있었던 것일까? 이런 생각은 꽤 오래전부터 꿈틀거렸었다. '멀쩡하게 은행생활이나 열심히 하면 될 것 같은데'라는 생각도 들었지만 그런 일들은 재미나 설렘이 솔직히 부족했다. 여유라는 게 생길 때마다 별의별 아이디어가 올랐다. 신기하게도 이런 생각을 할 때면 몰입의 정도가 깊어지고 흥분마저 일었다.

사업화를 고민했던 적도 여러 번이었다. 이름은 어떻게 정해야 생각을 다 담을 수 있을까를 시도 때도 없이 떠올리고 메모하고 지우곤 했다. 그러던 어느 날, '이름 짓기'라는 심리적 압박에서 벗어날 수 있었다. 이름보다 더 중요한 것이 있다는 것을 깨달은 후부터다. 내가 왜 이런 것에 관심이 가는지, 그냥 내 마음속 이야기를 한 문장씩 적어 보았다. 이름보다, 더 중요한 내면의 목소리. 여기에 그 문장을 적어본다.

'나는 내가 나고 자란 지역을 사랑한다.
나는 내가 나고 자란 지역에 보탬이 되는 사람이 되고 싶다.
무엇을 위해 살아가는지, 어떻게 살아야 하는지 고민하고 그에 맞게 행동하려 한다.
나는 일을 선택함에 있어 즐거움과 의미를 최우선으로 한다.

'Spot Matching'이라는 인터넷 카페를 한동안 운영하면서 오프라인에서도 같은 뜻을 지닌 지인들과 두세 번의 만남을 가졌다. 만날 때마다 의욕은 넘쳤다. 문제는 구체적인 액션플랜과 실현 가능성이었다. 실행 가능한 구조로 만들기엔 나의 경험이 부족했다. 더군다나 그 시점에 직장에선 일이 한꺼번에 몰려 그 자체로 에너지가 모두 소진되어 버렸다. 말 그대로 '삘' 생각이 한때의 '삘짓'으로 마무리되는 모양새였다. 40명 가까운 지인들을 카페에 가입시켰지만 동력을 찾지 못한 채 카페는 조용히 사람들 기억에서 지워져갔다. 5개월 후 결국 카페 문을 닫게 되는 상황까지 오게 됐다. 지인들에게 미안함과 부끄러움을 고백해야만 하는 마음의 부담으로 돌아왔다. 면목이 없었지만 정리는 하고 넘어가야 했다. 그때 올렸던 글이다.

'야자수라는 카페지기 이도권입니다. 얼마 만에 글을 쓰는지 미안하고 부끄럽습니다. 게으름으로 이제껏 지내온 저의 모습에 대해 실망하신 회원님들께 용서를 구합니다. 그래서 말이죠, 제가 했던 약속은 지켜야겠습니다. 8월 9일 금요일 저녁 7시 반 전

남대 경영대 앞에서 선배도 좋고, 후배도 좋고 여건 되시는 많은 분들과 함께 하고 싶네요.'

그렇게 꽤 많은 후배들을 만났다. 그리고 만남의 후기를 카페에 남기고 나 역시 카페활동을 접었다.

'잘 만났네요. 즐겁기도 하고 배우기도 하는 좋은 시간이었습니다. 더 나은 무엇인가를 고민하게 된 그런 시간 말이죠.'

지나쳐도 될 만한 이야기다. 그러나 이때의 '더 나은 무엇인가를 고민하게 된'이라는 문구가 5년이 지난 지금 이 책으로 이어지고 있다면 믿을 수 있겠는가?

60초 소설의 주인공 댄 헐리처럼 내 인생이 드라마틱하게 바뀔지는 모르겠다. 하지만 그의 첫 번째 소설 속 글귀처럼 '지금 이 순간, 자신이 진정으로 살아 있다'를 나는 느끼고 사는가라는 질문엔 '그러는 중이다'고 말할 수 있음에 감사하다. 무엇보다 지금 이 순간 나의 삶을 책으로 쓸 수 있어서 더욱 그렇다. 이것이 자신만의 이야기를 해야만 하는 진짜 이유다.

당신도 자신만의 이야기를 써나가길 바란다. 나의 경험과 가치관이 다른 사람에게 전부 맞을 수는 없다. 다만 '스스로에게 던진 질문'에 응답하는 그 과정이 있어야 어떤 일이든 제대로 시작할 수 있다. 누군가의 가르침이 도움은 되겠지만 결국 본인이 해결해야 한다. 특히 자아정체성의 혼란을 겪는 사람일수록 더욱 끈질기게 물고 늘어지자. 자신이 어디에 서 있는지, 계속 그 자리를 유지하는 것이 자신다운 것인지를 묻고 답해 나가야만 내딛는 한 걸음마저 진짜 내 것이 된다. 인생에 이처럼 끊임없이 시도해야 할 중요한 것도 없다. 나만의 이야기는 바로 이런 과정을 통해서만이 풀어낼 수 있다.

당신은 절대 평범하지 않다. 자신 안에 숨겨놓은 것들을 차분히 들여다보고 귀 기울여만 준다면 '어느새 당신의 이야기를 할 줄 아는 특별한 사람'이 되어 있을 것이다. 더 이상 과거의 당신이 아니란 말이다. 당신만의 이야기, 만들 준비가 되어 있는가?

스스로 준비되지 않았다고 불안해하는 20대들에게 가장 필요한 것은 무엇일까? 인생의 질문을 스스로에게 던지고 그 질문에 답하는 과정이다. 특히 자아정체성의 혼란을 겪는 사람일수록 더욱 끈질기게 물어야 한다. 자신이 어디에 서 있는지, 계속 그 자리를 유지하는 것이 자신다운 것인지를 묻고 답해 나가야만 내딛는 한 걸음마저 진짜 자기 것이 된다. 당신을 특별하게 하는 비법! 다음과 같이 정리해보았다.

1단계 영감에 주목하기

내 주변을 꽤나 오랜 기간 맴돌고 있는 영감의 실체에 주목하라.

2단계 스스로에게 질문 던지기

내가 왜 이런 것에 끊임없이 관심을 갖고 있는 건지를 물어라.

3단계 내면의 목소리와 직면하기

왜 그렇게 오랜 시간 내 머릿속에 맴도는지 내면의 목소리에 집중해서 들어보라.

4단계 적어보기

마음속 이야기를 문장으로 표현해본다

ex) 나는 내가 나고 자란 지역을 사랑한다.

나는 내가 나고 자란 지역에 어떤 방법으로든 보탬이 되는 사람이 되고 싶다.

무엇을 위해 살아가는지, 어떻게 살아야 하는지 고민하고 그에 맞게 행동하려 한다.

나는 일을 선택함에 있어 즐거움과 의미를 최우선으로 한다.

나는 끊임없이 무언가를 상상하는 자신을 사랑한다.

나는 평생을, 나답게 사는 것이 무엇인지 물어야만 안심이 되는 사람이다.

5단계 포기하지 않고 행동으로 이어나가기

내면의 목소리로부터 파생된 일들이라면 포기하지 말고 끊임없이 행동에 나서라. 어느새 당신은 자신만의 이야기를 할 줄 아는 특별한 사람이 되어 있을 것이다.

'나답게'라는 말 한 마디

"과학자를 꿈꿔 영재교육원에 들어갔으나 세상에 똑똑한 사람들이 많다는 사실만 깨달았고, 그림 그리고 싶어서 대학교에서 미술을 전공했으나 회화 실력은 오히려 줄어든 채 졸업했고, 기자가 되기 위해 언론사에 뛰어들었으나 내가 원하는 삶이 아니라는 걸 알아차리고 그만뒀다. 늦은 나이, 애매한 경력, 희미해진 꿈을 갖고 이거 말고는 답이 없어서, 이거 아니면 진짜 할 게 없어서 '공시생(공무원 시험 준비생)'이 되었고 노량진으로 갔다."

책 『새벽 세 시, 공시생 일기』의 저자 남세진은 본인을 이렇게 설명한다. 누구나 응시할 수 있는 시험인 공무원 시험. 그 때문인지 공무원 시험에 대한 열기는 점점 커지고 '나는 어떤 사람이었는지'조차 점점 더 희석되어간다. 여러 개의 날계란이 한 바구니에 담긴 채 사정없이 흔들리는 형국이다. 어찌해야 하나. 우왕좌

왕하며 한꺼번에 모두 다 깨지고 말 것인가, 아님 나만의 바구니, 즉 나다움을 찾아나 설 것인가.

　대학생 해외봉사팀으로 찾았던 스리랑카에서 쓰나미 예방교육이 거의 끝나갈 즈음이었다. 빠듯한 일정을 소화하느라 팀원 모두가 지쳐 있었다. 팀장이기도 했고 스리랑카 방문이 세 번째였던 나는 이 나라에서 가장 빼어난 경치를 자랑하는 누워렐리야라는 지역을 팀원들에게 소개해주기로 마음먹었다.

　짐을 싸 몇 시간을 달려 도착한 그곳은 생각보다 더 아름다운 곳이었다. 서늘한 바람에 드넓게 펼쳐진 잔디밭, 사람들의 여유로운 발걸음은 정신을 아득하게 만들었다. 좀 더 차를 달려 다다른 그곳은 1930년도 영국인이 지은 호텔이었다. 당시 스리랑카는 영국의 식민지로써 차와 향료재배지역으로 많은 수탈을 당하고 있었다. 특히 누워렐리야 지역은 차 재배를 감독하는 영국인들이 가끔씩 들러 휴가를 보냈던 곳이었다. 주변에는 이 건물 이외에도 경마장, 골프장을 비롯해 영국식 건축물들이 줄지어 있었다. 그러나 식민지의 흔적이라 한없이 아름다워 보이지만은 않았다.

　나는 호텔 안으로 들어가 프론트에 있는 호텔 직원에게 잠시 호텔 내부를 구경해도 되는지 물었다. 자세히 보니 1년 전에 있던 직원이였다. 반가움도 잠시뿐이었다. 이곳은 '외국인이나 현지 멤버들'만이 숙박하는 곳이라, 우리와 함께 온 현지 친구들은 호텔 내부에 들어올 수 없다고 부드럽지만, 단호하게 말하는 게 아닌가. 등록된 멤버도 아닌 현지인이 들어오면 다른 회원에게 피해를 줄 뿐만 아니라, 현지인이 사용한다는 이미지를 심어주어 호텔 경영에 적잖은 타격을 준다는 이유였다.

"당신이나 이 친구들이나 똑같은 스리랑카 사람인데 호텔 이미지에 무슨 타격을 주나요? 방을 들어가겠다는 것도 아니고 1층만 둘러본다는 것뿐인데 무슨 말도 안 되는 소리인가요?"

그는 난감해했지만, 그럼에도 이곳은 멤버들만 들어올 수 있다는 말만 반복했다. 할 수 없이 발길을 돌려 밖으로 나왔을 때 호텔 벽에 붙여진 표지판이 눈에 들어왔다.

'Members Only'

그날 저녁, 우린 하루 일과에 대한 피드백 시간을 가졌다. 나는 호텔에서 있었던 '그 일'에 대해 언급했다. 느닷없이 뒤통수를 맞은 기분이었다.

'나는 왜 오늘 있었던 일이 이토록 마음에 남을까?'

'Members only'라는 경계 앞에서 나 역시 소수의 Member가 되기 위해 발버둥 치고 있진 않는지, 혹은 그 반대편에 설 정도로 나의 정체성은 분명한지를 고민했던 것 같다. 스스로에게 던진

이 질문은 욕망의 민낯이었다.

　신기하게도 10년이 넘은 그때의 일을 마흔 살이 된 지금의 내가 기록하고 있다. 26살, 그 고민을 하던 청년은 아직도 내 가슴 속에 살아있을까? 다행히도 내 인생의 중대한 기로에 서 있을 때마다 나를 안내해주는 이정표가 되어주고 있다. 그럼에도 '나는 어떤 삶을 추구하며 살아갈 것인지'에 대한 더 큰 해답찾기는 여전히 현재진행형이다. 내가 가진 경험도 중요하지만, 동시에 한계도 존재하기 때문이다. 그런 이유로 책에서 길을 본다.

　우연히 닥친 사건 하나에 내면 깊숙이 내재된 문제의식이 꿈틀거리다 '나다움'을 발견한 위인이 있다. 구본형 작가의『깊은 인생』에 언급된 간디의 이야기를 잠시 보자.

　"너, 이쪽으로 와. 너는 화차로 가!"

　한 역무원이 간디를 가리키며 외쳤다.

　"일등실 차표를 가지고 있어요. 그래서 일등실에 탔고 앞으로도 일등실에 탈 거요."

　"안 돼, 내려. 당장 내리지 않으면 경찰이 끌어내리게 하겠다."

　실랑이를 수차례 하다가 경찰이 간디의 팔을 잡아 끌려서 내려오게 된다. 그렇다고 화차로 가는 것도 거부했으니 기차는 결국 떠나버렸다. 추운 겨울 마리츠버그역에 홀로 남겨진 간디. 그는 복잡한 심정으로 등불 하나 없는 대합실에 들어가 조금 전에 있었던 상황을 되짚는다. 그리고 스스로에게 묻는다.

'난 변호사야. 내 권리도 보호할 수 없다면 누구의 권리도 보호할 수 없어. 그러면 권리를 위해 싸워야 할까, 아니면 이대로 되돌아가야 할까? 그래, 굴욕을 당해도 견디자. 프리토리아에 도착해서 재판을 마치고 인도로 돌아가자. 이 고난은 표면적인 거야. 깊게 뿌리 내린 인종 편견이라는 업병의 징후일 뿐이야. 내게는 힘이 있어. 이 뿌리 깊은 병을 제거할 힘말이야. 나는 이 힘을 써야 해. 이 힘을 쓸 때의 고난은 스스로 견뎌내야 해. 고난에 항거해야 해.'

다음 날, 간디는 포기하지 않고 일등실에 가서 앉겠다고 또다시 이야기한다. 그러자 백인 차장은 간디를 향해 쉬지 않고 주먹질을 했다. 그러나 간디는 신음조차 내지 않으며 끝까지 버틴다. 시련은 계속됐다. 목적지인 프리토리아로 가는 마지막 날까지도 역무원은 간디의 일등실표를 무시하고 삼등실로 쫓아내려 했다. 다행히 일등실에 있던 영국인 승객의 도움을 받아 무사히 목적지에 도착하게 되는데, 정말이지 의지의 간디였다.

그러나 간디의 진정한 힘은 여기서 끝이 아니다. 자신이 받았던 부당한 대우에 어떻게 대처할 것인가를 논의하기 위해 사람들을 모았고 힘을 합쳐 작은 변화를 만들어낸다. 인도인도 '옷차림이 적절하다면' 일등실이나 이등실에서 여행할 수 있게 조치한 것이다. 그날의 회합이 평범했던 변호사 간디가 정치적 지도자로 전환하게 된 순간이었다. 수많은 인도인들이 인종차별을 받던 그 시절, 그는 문제의식이 깊었던 변호사로서 우연을 필연으로 받아들일 준비가 되어 있었다. 같은 설움을 겪고 있는 인도인 누구도 분출하지 않았던 것을 간디는 '한 걸음' 움직였다. 즉 '변화를 이끌어내야겠다는 용기'를 그는 가지고 있었다. 그게 간디라는 지도자가 가진 '나다움'이었다.

모두가 오르려는 산은 내가 오르고 싶은 산이 될 수 없다. 자신의 스토리로 자신만의 세계를 만들어 나가야 한다. 그것이 진정한 '나다움'의 길이다. 홀로 서는 그 과정에서 두려움이 수반되는 것은 어쩔 수 없다. 그럼에도 '딱 한 걸음 움직일 용기'를 갖자. 간디의 기도문이 그 '한 걸음의 용기'가 한 인간에게 어떤 세상을 펼쳐 보였는지를 보여준다.

"어찌하여 제가 이 길을 걷게 되었는지 모릅니다. 그저 우연의 모습으로 나타난 필연에 의해 제게 주어진 역할을 하게 되었고 그 길을 가게 되었습니다. (중략) 아마 제가 당신을 향해 주저하면서도 한 걸음 다가섰기 때문에 당신이 기뻐하며 제게 열 걸음 다가와 당신의 은총을 보이신 것이겠지요. 그리고 그 잔을 제게 내미신 것입니다. 그 잔이 제게 왔을 때 무섭고 두려웠지만 그 잔을

들게 하고, 그 우주적 떨림에 의지하여 제 길을 더듬어 갈 수 있게
된 것에 감사합니다. 일단 이 길로 들어서니 열리지 않았던 문들
이 열리고, 모든 것이 착착 저를 기다리고 있었던 것처럼 진행됩
니다. 그리하여 이 길이 제 인생이 되고 말았음에 저는 철철 눈물
을 흘리며 감사합니다."

진짜 원하는 것을 정확하게 알고 있는가?_신념의 마력

교수님, 저는 그렇게 생각하지 않는데요

사회초년생이라면 누구나 한번은 걸린다는 직업병이 소셜미디어에서 최근 화제가 됐다. 바로 '넵병'이다. 이는 선배나 상사의 지시에 카카오톡 등 SNS 메신저로 '네'나 '예'가 아닌 '넵'으로 답하는 행동을 뜻한다. '네'에 'ㅂ'만 붙였을 뿐인데 왠지 더 신속하고 의욕이 충만해 보인다. 어쩌면 가슴에 있는 진짜 소리는 묻어둔 채 '넵'만 외치다 하루를 마감하는 또 다른 '을'의 애환을 대변한 게 아닌가도 싶다. 진정 가슴속에서 외치고픈 것이 있음에도 이처럼 누르기만을 반복한다면, 어느 순간엔 '내가 진짜 무엇을 원하는지'조차 알 수 없을지도 모른다.

스리랑카와 홍콩을 다녀와서 복귀한 나는 수업을 대하는 태도가 180도 달라져 있었다. 전공인 경제학 강의에서 유달리 더 적극적이었다. 특히, 시장경제와 관련된 수업을 듣고 있노라면 몸에 불편한 반응마저 왔다. 스리랑카 현실을 직접 목격했기에 더욱 그랬다. 그중에서도 방해(?)의 강도가 남달랐던 것은 '산업조직론' 강의였다.

"교수님, 시장경제 논리야 그렇게들 말하지만 제가 본 현실과는 너무나 동떨어져 있는 것 같은데요. 현실에선 오히려 부정적인 면이 크지 않나요? 예를 들어 기업의 욕망을 채우기 위한 이론적 뒷받침 역할을 해주면서 말이죠. 돈이 곧 권력이라고 시장경제를 통해 발생한 불미스런 행동들마저 면죄부를 주는 것은 옳지 않다고 생각합니다."

밑도 끝도 없는 맹랑한 지적이었다.

"자네, 어떤 의미로 질문한 건가?"

"제가 경험한 세상과 경제학이론과는 달라서 말이죠."

"음, 자네가 경험했던 게 뭐지?"

"저는 짧게나마 스리랑카라에 머물면서 그 나라에 진출한 한국 기업들의 근로자 실태를 조사한 적이 있었습니다."

이 말을 시작으로 내가 겪었던 스리랑카 이야기를 풀어놓았다. IMF 위기가 터지자 한국도 난리가 났지만 스리랑카에 진출했던 공장들도 난리였다. 문을 닫고 야반도주한 한국 경영인이 무더기로 발생한 것이다. 당시 나는 이 문제를 한국 정부에 알리기 위해

백방으로 노력했다. 하지만 그런 기업에 대해 딱히 강제할 법도 없을뿐더러 그 해당 기업의 모기업마저 부도가 난 상태라 방법이 없었다. 심각한 건 내부의 시각이 아닌 외부의 시각이었다. 교수님께 연이어 말했다.

"인건비가 저렴하다고 사람마저 저렴하게 취급한 건 야반도주한 한국 경영진이었습니다. 그러니 피해 근로자들이 한국이라는 나라를 '야반도주하는 양심불량의 나라'로 부르는 게 어쩌면 당연한지도 모르겠습니다. 기업이나 산업을 성장만 시켜서 국민 GDP가 몇 만 불을 넘긴다고 다 선진국은 아니잖아요. 자신들이 저질렀던 잘못으로 누군가가 고통 받는다면 피해자에게 진심으로 사과하고 용서를 구해야 진짜 선진국이 되는 거 아닌가요?"

"자네의 이야기가 무엇을 말하는지는 알겠네. 그렇다고 시장경제의 모든 모델이 실패했다고 말할 수는 없네. 자네가 보고 온 스리랑카의 실상을 자네만큼 아는 사람이 이 자리엔 없어. 그러니 내가 추가로 뭐라 할 내용은 아니네만, 여하튼 자네 때문에 수업 시간이 많이 지체되었으니 다른 학생들 생각해서 이쯤에서 그만하지. 그리고 수업이 끝나고 내 사무실에 잠깐 들르게나."

솔직히 논리나 이론에서 교수님에 대항하여 반박할 만큼 내 지식이 미천한 건 사실이었다. 그렇다고 막 질렀다고는 인정 못하겠다. 시장경제의 환상대로 이뤄지지 않고 있는 상황을 직접 목격한 나에게는 시장경제논리나 운운하는 강의는 학점을 위한 주입식 정보 그 이상 그 이하도 아니었으니까.

수업을 마치고 교수님을 따라 교수실로 향했다. 살짝 긴장되었지만 문을 열고 들어갔다.

"오늘 자네가 질문한 것들은 내 강의와는 거리가 있어 보이네. 곰곰이 생각해보니 자네한테 어울리는 책이 있어. 가져 가서 읽어보게나. 이 책 읽어본 적이 있나?"

"예? 아닙니다. 처음 보는 책입니다."

"보니까 자네 가슴속엔 불만이 가득 차 있어. 이 책이 적절한 답을 줄 지도 모르겠구먼."

"아… 저는 교수님께서 저를 야단치시는 줄 알고 조금 긴장했었습니다."

"내가 왜? 자네 같은 학생들이 많아야 나도 가르치는 재미가 있지. 그렇지 않나?"

"책 선물에 격려까지 해주시니 고맙습니다, 교수님."

교수님이 건네준 책은 『가난한 사람들을 위한 은행가』였다. 이 책은 한 가지 질문에서 출발한다.

'인간이 달까지 가는 세상에 어째서 가난은 사라지지 않는가?'

이 책의 저자인 방글라데시아의 치타공 대학 경제학과 교수 무하마드 유누스가 던진 질문이다.

미국에서 유학을 마치고 돌아와 치타공 대학 인근 조브라 마을에 몰아닥친 기아를 목격한 그는 그 어떤 경제학이론도 사람들이 굶어 죽어가는 끔찍한 현장에서는 무의미하다고 느낀다. 그렇다면 이들이 처한 현실을 이해하고 해법을 제시할 수 있는 '진짜 경제'란 무엇인가. 그는 다시 학생이 되기로 마음먹고 학교를 벗어나 현장으로 뛰어든다. 그리고 가난의 수렁에서 이들을 끌어올리기 위해 '마이크로 크레딧'이라는 따뜻한 자본주의 실험을 통해 개인과 가족, 그리고 지역사회까지 회복시킨다. 내가 질문했던 자본주의 어두운 면만이 아닌 자본주의의 따뜻한 면을 밝혀낸 책이었다.

교수님은 내가 무슨 말을 하고 싶었고 무엇을 듣고 싶었는지 족집게 의사처럼 그 책을 처방해 주셨다. 교수님이 진심으로 존경스러웠다. 대학 교정의 한적한 벤치에 앉아 서너 시간 만에 300페이지가 넘는 책을 읽어버렸다. 한 번도 경험하지 못했던 일이다. 책을 허겁지겁 씹어 먹는 느낌이었다.

스리랑카에서 돌아왔음에도 끊임없이 나를 성찰하고 계속 움직이기를 요구하는 내 마음을 발견했다. 토론과 논쟁은 나를 단련시키는 듯했지만 부족했다. 그건 아마도 경험이 갖는 한계였으리라. 생각의 정립도 어설펐고, 한국의 현실은 무섭도록 바쁘게 돌아가고 있었다. 그나마 감사하게도 이 책에서 조그마한 빛을 봤다. 한 문장이 '훅' 다가와 심장을 뛰게 한 것이다.

'사회적 배려를 근간으로 한 실용주의'

이 말은 경쟁과 시장 만능주의를 표방하며 세계 곳곳을 할퀴어대는 고삐 풀린 자본주의를 치유하고 있었다. 내가 겪었던 경험과 감정을 담아내는 데에 이 문장만큼 적절한 게 없었다.

교수님께 했던 그 질문이 남들에겐 유별나 보였을 지도 모르겠다. 하지만 그 질문으로 나는 인생의 책을 만났고 인생의 한 문장을 발견할 수 있었다. 이러한 행동은 엄청난 자산이 될 수 있다.

인류의 위대한 스승 간디는 말했다.

"네 믿음은 네 생각이 된다. 네 생각은 네 말이 된다. 네 말은 네 행동이 된다. 네 행동은 네 습관이 된다. 네 습관은 네 가치가 된다. 네 가치는 네 운명이 된다."

운명은 사소한 생각으로부터 시작될 수 있다. 마음에서 자꾸 하라고 시키는데 모른 척하는 건 자신을 기만하는 행동이다. 그러니 뱉어라. 가슴으로부터 밀어올린 생각이라면. 그것이 곧 당신의 신념이 되어줄 것이다.

뭣이 중헌디! 곡성에 묻은 결심 한 덩어리

28살, 백수생활에 돌입한지 3개월이 지났다. 완연한 봄이 왔지만 그날도 도서관에 자리를 잡고 앉았다. 가끔 창밖으로 녹음이 우거지는 나무들을 보고 있자니 책상에 앉아 공부하기가 더 힘들어졌다. 그럼에도 나는 '꿈이 있는 백수'에서 '백수'라는 단어를 떼어내기 위해 그날도 책장을 넘기고 있었다.

그즈음, 취업한 친구들이 1박 2일간 교외로 바람 좀 쐬고 오자고 했다. 곡성 어느 펜션에 머물면서 이야기꽃을 피웠다. 오랜만에 많이 웃었다. 그런데 마음 한편에는 무언가 지속적으로 꿈틀거리는 게 느껴졌다. 그래서 친구들에게 긴급제안을 했다.

"우리 1년 후 자신의 모습을 종이에 적어서 저기 보이는 페트병에 넣어서 묻자. 그리고 1년 후 오늘 이 멤버 다시 와서 확인해 보는 거 어때?"

"그거 타임캡슐이잖아?"

몸은 이곳에 와 있음에도 불구하고 내 상황 때문에 마음이 편하지 않았다. 고달프더라도 후회 없이 걸어가 보겠다고 스스로 선택했던 일이었다. 하지만 '잘될 수 있을까'라는 불안'과 '후회 없이 걸어가보자'는 다짐 사이에 괴리가 자꾸 발생했다. 다만, 부정의 기운보다는 긍정의 강력한 의지가 그나마 나를 버티게 했다. 그건 '백수'라는 시간을 내가 직접 선택했기에 가능했던 이야기였다. 이 시간의 결과는 변명이나 떠넘기기가 통하지 않았으므로 절실할 수밖에 없었다. '절실'의 사전적 의미는 '(어떤 일에 대한 느낌이나 생각이) 뼈저리게 강력한 상태에 있음'이다.

대화 도중 뜬금없이 제안했던 것은 불안을 잠재우고 싶었던 절실함 때문이었다. 아쉽지만, 친구들은 나의 얘기를 진지하게 들어주지 않았다. 분위기가 가라앉는 이야기보단 '지금 이 순간, 오늘'을 즐기고 싶어 했다.

그날 저녁, 혼자 빈 방에 들어가 '1년 후의 내 모습'을 종이에 적어 내려갔다. 눈에 그려질 수 있도록 최대한 구체적으로. 이것은 그 시절 불안이라는 부유물을 묵직한 것으로 묶어두는 아주 요긴한 작업이자, 강력한 선언이었다.

다음 날, 어느 나무 밑에 페트병을 묻었다. 보이지 않을 정도로 묻으면서 바라고 또 바랐다. 1년 뒤 원하는 곳에 합격한 후, 다시 그곳을 찾아갔지만 페트병을 찾지는 못했다. 하지만 그때의 선언만큼은 온전히 내 몸에 각인되었다. 돌아보면 '백수'라는 지난한 과정을 버티는데 '곡성 땅에 묻힌 페트병'만큼 끊임없이 지탱해주고 동기부여를 해준 것은 없었던 것 같다.

솔직히 내가 선택한 것이 '백수'라는 시간이었지만, 빨리 벗어나고 싶은 '어둠의 터널' 같이 느껴지기도 했다. 그나마 순간순간 카타르시스를 느꼈던 건 잠시 풀리지 않은 경제학 문제를 산책하다가 답을 발견했을 때뿐이었다. 얼른 빛을 보고 싶은 마음은 나를 비롯한 취업준비생 어느 누구나 같았을 것이다. 이때만큼 나약했던 적이 없었다. 남들의 시선에서 자유롭지 못했고, 누군가 '툭' 던진 말이 크게 다가와 참으로 바보처럼 행동했다. 그래서 나는 고백한다. 그 시절, 절실했지만 그 순간을 즐기지는 못했다고. 바로 이 점이 아쉽다.

『오래된 나를 떠나라』의 웨인 다이어는 이렇게 말한다.

"행복을 맛보기 위해 필요한 것은 열정을 쏟을 수 있는 무언가다. 오직 당신에게만 말을 걸고, 설레게 하고, 결코 사라지지 않고, 마음속에서 빛나는, 당신 존재의 근원과 연결되어 있다는 기분 좋은 느낌을 안겨주는 그 어떤 것이다. 그것이 무엇인지는 중요하지 않다. 애정을 느끼고, 당신 안에 존재하는 신을 일깨우며 열정적으로 할 수 있는 일이라면 그것으로 족하다."

자신 안에 존재하는 신을 일깨웠던 사람들은 신기하게도 하는 일이 힘들게 느껴지지 않는다고 말한다. 엄청난 힘이 숨겨져 있다고 스스로 동기부여하고 다른 사람들이 정해놓은 기준에 얽매이지 않고 자유롭다. 그러니 더욱 신나게 행동한다. 내면에서 외치는 진짜 목소리에 행동이 부응한 결과다.

이제는 진짜 자신이 원하는 것을 찾아 비상을 꿈꾸자. 그 과정이야말로 인생의 기쁨과 행복감으로 범벅된 열정을 쏟아낼 절호의 기회이다. 그렇게만 살아낸다면 세상은 어느새 내가 그리는 그 이상으로 큰 선물이 되어 돌아와 줄 것이다.

일단, 멈추고 하늘을 보자

사회초년생이란 뭘까? 취업에 성공한 청년, 즉 학생의 신분을 떼고 드디어 사회에 진출한 사람이다. 부모의 품에서 벗어나 진정한 야생에 던져지는 것이다. 이등병처럼 사회초년생 역시 기성세대들 혹은 직장상사들 말에 순종하면서 친구나 동료들과의 경쟁에선 어떻게든 살아남아야 하는, 쉽지 않은 삶을 사는 존재다.

그들에게 '쉼'이란 어떤 의미일까? 돌이켜보면 취준생 땐 합격을 위해 죽도록 뛰었고, 사회초년생이 된 지금은 어떻게든 주변의 사람들로부터 인정받기 위해 다시 뛰고 있다. 안타깝지만 그들에게 수년간 '쉼'은 존재하지 않았다. 오늘도 정신없이 살고 있는 여느 직장선배들처럼.

강원도 홍천에는 '내 안의 감옥'이라 불리는 감옥 한 채가 있다.

화장실 딸린 1.7평짜리 독방 25개가 있는 건물이다. 갇혀서 오로지 혼자만의 시간을 보낼 수 있는 공간. 대기업 직원 A씨는 지난 여름 이 순간만을 기다렸다. 7박 8일간의 무문관(無門關) 수행. 방에는 아무것도 없다. 짐은 덮고 잘 이불과 옷가지 정도. 입소 시 휴대전화나 책도 가지고 들어갈 수 없다. A씨는 "평소 끊임없이 사람들과의 관계에 놓여 있다 보니 나 자신에 집중할 수가 없었다"면서 "감옥은 갇힌 공간이었지만 나밖에 없는 그 공간에서 오히려 감당할 수 없을 정도의 여유를 얻었다"고 말했다.

〈내 휴가는 셀프감금〉이란 흥미로운 제목의 어느 기사 내용이다. 현대인들이 '감옥'이라는 극단적인 공간이라도 있어야만 비로소 자유를 발견한다는 아이러니한 현실을 묘사하고 있다. 비록 '쉼을 얻기 위한 휴가'에 대한 이야기지만, 어쩌면 스스로에게 멈춰 설 공간을 제공하지 않고선 자신을 돌아보기란 쉽지 않다는 반증이다.

유럽의 켈트인 사이에 이런 말이 있다.

"그동안 자기 자신에게 시간을 주지 않아 많은 사람들이 지쳐버렸다. 일을 잠시 멈추고 자신들의 영혼이 따라올 시간을 주지 않은 것이다. 자신에게 시간을 충분히 주는 것은 단순하면서도 꼭 필요한 일이다. 모든 일을 잠시 내려놓고, 그동안 무시했던 그대의 영혼이 다시 그대를 만나게 하라. 그것은 그대의 잊혀진 신비와 다시 가까워지는 멋진 일이다."

이곳에서 제대로 된 '쉼'과 '자기 자신'을 만날 수 있다면 특별한 선물임에는 틀림없다. '쉼'과 함께 자신과 직면해 보려는 그들은 내면의 소리에 더 적극적으로 귀 기울이는 사람들이다. 문제는 자의든 타의든 자신에게 '쉼'조차 주지 못하고 살아가는 수많은 사람들이니 말이다.

노조 간부 시절 직원들의 휴가일수를 자율이 아닌 의무적으로 선정하기 위해 노사 간 협상을 한 적이 있었다. 왜 휴가일수를 직원들의 자율성에 맡기지 않고 노사 안건으로 논의했는지 의아할 수도 있겠다. 이유인 즉, 휴가를 쓸 때마다 윗사람을 비롯한 주변의 눈치를 봐야 했기 때문이다. 모든 직원들이 의무적으로 똑같은 일수를 가게 된다면 더 이상 그런 일이 없지 않겠느냐는 우울한 현실에서 나온 안건이었다. 그런데 특이하게도 휴가일수를 받아들이는 태도가 세대별로 달랐다.

대체로 젊은 직원은 돈보다 삶의 질을 우선하는 경향이 있어서 휴가일수가 많을수록 좋아했고, 중년의 직원들은 휴가일수를 최소화하려는 경향을 보였다. 20년 이상 근무한 사람들의 상당수는 가족여행이 길어질수록 불편하다고 했다. 일을 일순위에 두고 살다보니 가족과 스킨십이나 소통을 할 수 있는 기회가 많지 않았던 것이다. 그러니 그들에게는 휴가가 길어질수록 더 피곤해지는 '웃픈' 현실이었다. 심지어 휴가는 짧게 쓰고 사무실에 복귀하는 것을 선호하는 사람도 있었다.

그러나 난, 중년 직원들 역시 가족과 시간을 많이 보내야만 그 간극도 메워질 수 있다고 판단해 휴가일수를 늘리려고 노력했다. 중년 직원들은 거세게 반발했고, 결국 젊은 직원보다는 상대적으로 적은 날 수로 결정하게 된다.

인생의 소중한 것이 어디 일뿐이겠는가. 자신을 돌보거나 가족과의 관계를 돈독히 하는 것들은 뒤로 한 채, 왜 앞만 보며 달려왔던 것일까.

이웃나라 일본의 사정도 크게 다르지 않다. 2015년 크리스마스, 일본 광고회사 덴쓰의 24세 신입사원 다카하시 마쓰리라는 여성이 목숨을 끊었다. 월 최고 200시간 이상 시간외 근무, 53시간 연속 근무 등 엄청난 과로에 시달리다 극단적 선택을 하게 된 것이다. 그녀가 죽기 전 SNS에는 이런 글이 남겨졌었다.

"1일 20시간이나 회사에 있다 보니 무엇을 위해서 살고 있는지 모르겠어."

덴쓰의 신입사원 사망 이후, 일본 서점가엔 『죽을 정도라면 회사를 그만두지'가 안 되는 이유』가 출간되었다. 이 책의 저자인 시오마치 코나는 덴쓰의 신입사원처럼 광고제작 디자이너였다. 매일 밤 전철이 끊기기 전까지 일을 하고 퇴근하기를 밥 먹듯이 하던 어느 날 그녀 역시 자살충동을 느꼈다고 한다. 그녀는 당시의 경험을 만화로 그려 트위터에 올리면서 수많은 직장인들의 공감을 이끌어냈다. 이 책에서 흥미로운 것은 정신과 의사 유키 유의 진단이다. 그는 과로사 또는 과로 자살에 내몰리는 사람이 직장을 그만두지 못하는 이유를 설명했다.

첫째, 마음이 보내는 경보에 귀를 기울이지 않았다.
둘째, 너무 열심히 일하지 않을 용기가 없었다.

이를 쉽게 설명한 사례가 야생 코끼리 사육이다. 어린 야생 코끼리를 유인해 우리 안에 가둬놓고 쇠사슬로 묶어두면 어떤 일이 벌어질까? 막 묶였을 땐 몸부림치지만 결국 자신의 힘으로는 쇠사슬로부터 벗어나기란 불가능하다는 것을 인식하게 된다. '나는 발버둥 쳐봐야 소용없어'라고 학습되면 더 이상 몸부림치는 것은 생각조차 할 수 없게 된다. 이를 두고 '후천적 무력감'이라고 한다. 유쾌하지 않은 스트레스에 참고 견디며 벗어나려는 생각조차 하지 못하는 현상을 말할 때 쓰인다. 마음에서 울리는 경보에 귀 기울이지 않고 죽을 정도의 힘든 상황임에도 탈출할 용기조차

낼 수 없게 만드는 사회, 일본의 이야기라고 하지만 한국도 크게 다르지 않아 보인다.

나는 지금도 획일적인 삶을 살아야만 한다는 것에 염증을 느낀다. 그래서 더욱 '어떤 삶을 살아야 할지'를 자신에게 묻곤 한다.

'누군가가 정해준 모양대로 산다는 것은 텅 빈 가슴을 안고 사는 것과 같다. (중략) 나는 나만의 행복의 모양을 찾기 위해 모든 것을 잠시 멈추었다. 내가 어떤 사람인지, 어떻게 살고 싶은지, 내가 죽을 땐 사람들에게 어떻게 기억되고 싶은지까지도 물으며 나만의 행복 모양을 찾아내려 했다.'

『드리밍 포인트』의 최상아 작가의 말처럼 일단 멈춰 서서 하늘을 보자. 그리고 바로 지금 이 순간이야말로 내가 가진 전부이고 가장 소중한 시간이라고 생각해보자. 그러면 마음의 경보음이 무엇인지 좀 더 수월하게 귀 기울일 수 있게 된다. 경보음을 찬찬히 듣다 보면 당신이 찾고 싶었던 '내가 진짜 원하는 것이 무엇인지'도 알 수 있게 된다. 바쁘다는 핑계로 마음속 빨간불을 더 이상 방치하지 말라. 치유를 넘어서 정말 소중한 것이 무엇인지를 알게 하는 '열쇠'다. 그러니 인위적으로라도 멈춰 서서 스스로에게 던지는 질문, 바로 그것으로부터 시작해보라.

내 곁에 있는 사람의 가치를 깨달아라

취업에 성공한 청년 10명 중 8명은 이직에 대한 고민이 있고, 7명은 취업 후에도 만족하지 못한다고 한다. 자신의 기대치와 실제 업무간의 괴리가 가장 직접적인 이유겠지만, 지속되는 야근에 삶 자체가 고되거나, 자신만의 시간은 전혀 없이 자아정체성마저 잃어버리기 때문이다. 그래서 한쪽으로 치우쳐만 가는 삶을 바로잡으려는 움직임도 만만찮다. 이 때문에 생긴 신조어도 있다. 일과 삶의 균형점을 찾고 싶은 젊은 직장인 세대를 뜻하는 '워라벨(Work-Life-Balance)' 세대. 가정이 있다면 더더욱 '워라벨' 삶을 추구하고픈 사람들.

하루 종일 사무실에 앉아있거나, 주어진 일에 정신없이 일하다 보면 누굴 위해 일하며 무엇을 목표로 삼고 달려가는지 스스로를 되돌아볼 때가 있다. 그러다 잠시 깊은 생각에 빠진다.

‘이렇게 일만 하다가 갑작스런 사고나 병으로 삶을 통째로 잃어
버리면 어쩌나?’

2005년 7월, 대학생 봉사팀으로 스리랑카에서도 오지인 키린
다라는 지역을 찾았던 적이 있다. 쓰나미가 발생한 이후 두 번째
방문이었다. 가는 길 내내 쓰나미가 할퀴고 간 수많은 가옥들을
보면서 마음이 착잡해졌다. 여전히 바다는 시퍼렇고, 파도는 높
았다. 키린다에 도착한 우리는 동네 아이들이 모여 있는 교육 장
소에서 준비된 재해예방교육을 시작했다. 이제는 서로 눈빛만 보
고도 일을 착착 해나가는 최고의 팀워크를 보여주었다.

나는 교육 장소에서 잠시 밖으로 나와 마을을 한 바퀴 돌아보
았다. 쓰나미로 아내와 세 살 난 딸을 잃은 아저씨를 다시 만났
다. 그물을 손질하고 있는 그에게 다가가 나를 기억하느냐고 물
었다. 기억한다며 하얀 이를 드러내면서 짓는 미소에 마음이 저
려왔다. 대화가 사실상 불가능하다는 걸 알면서도 우린 쉽게 마
음을 열었다. 나는 그에게 말했다.

“아저씨, 힘내세요.”

그는 가족을 앗아가버린 바다로 나가기 위해 그물을 손질하고
있었다. 쓰나미가 일어나기 전부터 그의 일상은 바다에서 물고기
를 잡는 일이었다. 그날 잡은 고기 중 일부는 가족이 맛있게 먹을

요리가 되었고, 남는 물고기는 내다 팔아 살림살이에 보탰을 것이다. 남편으로서, 그리고 아버지로서 본인의 소임을 다했던 그는 아마도 그 시절을 가장 행복하다고 여기지 않았을까.

노조 간부 때의 일이다. 매주 수요일과 금요일은 '가정의 날'이라고 해서 회식이나 야근을 자제하고 일찍 집에 들어가도록 유도하는 '노사 합동 캠페인'을 했다. 퇴근 시간 30분 전부터 방송 멘트와 잔잔한 음악이 건물 전체에 흘러나온다.

'오늘은 가정의 날입니다. 사랑하는 가족이나 연인과 함께 소중한 시간을 보내세요.'

그럼에도 직원들의 엉덩이는 쉽게 떨어지지 않았다. 상사가 자리를 지키고 있는데 '먼저 퇴근하겠습니다!' 하고 가는 것은 상상하기 어려울 정도로 조직 분위기는 보수적이었다. 노조 간부들은 이런 분위기를 바꾸기 위해 직접 발로 뛰기로 마음먹었다. '가정의 날'만 되면 8층 건물 전체를 돌아다니며 넉살 좋게 외치고 다녔다.

"오늘은 가정의 날입니다. 부장님, 팀장님께서 솔선수범해서 먼저 자리를 뜨셔야 아래 직원들이 마음 편히 집에 들어갑니다. 오늘만큼은 사랑하는 가족들과 집에서 저녁 드세요. 자, 다들 퇴근 준비하세요."

처음 시작할 땐 손발이 오글거렸지만, 한바탕 돌고 난 뒤 땀으로 흥건하게 젖은 셔츠를 보며 '아, 내가 이 맛에 노조를 하는 거였구나'라는 생각이 들었다.

그렇게 몇 개월이 지나자 작은 변화가 생겼다. 부서 문을 열면서 퇴근하라고 외쳐대면 몇몇 직원들이 박수부터 치기 시작했다. 나를 기다렸다며 박수 치는 모습에 울컥한 적도 있었다. 부득이한 사정으로 부서를 찾아가지 못할 때면 직원들로부터 왜 오지 않느냐는 항의 전화(?)가 오기도 했다. 직접 발로 뛰는 것이 감흥을 주고 있구나라는 생각에 흐뭇해지기도 했다. 물론 이런 모습을 못마땅해 하는 사람도 간혹 있었지만, 직원들을 향한 순수한 마음으로 꾸준하게 이어나갔다.

무엇을 위해서 열심히 사는가? 인생에서 소중한 것은 무엇일까? 남들이 부러워할 정도의 부와 명예, 권력이 있으면 '내 인생은 성공적이야'라고 말할 수 있을까?

『왜 일하는가』의 이나모로 가즈오가 그의 책 에필로그에서 밝힌 '내일을 여는 인생방정식'이라는 것이 있다. 인생방정식에 대한 그의 이야기를 이곳에 옮겨본다.

인생과 일 = 능력 × 열의 × 사고방식

'능력'은 선천적인 지능과 운동신경 또는 건강 등으로 부모로부터 물려받은 재능을 말한다. 우월한 재능을 가지고 태어났다면 큰 축복을 받은 것과 마찬가지다. 능력은 각자의 의지와 책임과는 상관없이 하늘에서 받은 재능으로, 개인마다 차이가 있다. 이 능력을 0점부터 100점까지 점수를 매겨보라. 이 능력에 '열의'를 곱한다. 열의는 '후천적인 노력'이라고 바꾸어 말할 수 있다. 이 역시 능력처럼 개인차가 있고, 0점부터 100점까지 폭이 넓다. (중략) 여기에 '사고방식'을 곱해보라. 나는 성공적인 인생을 위한 세 가지 요소 중에서 가장 중요한 것이 사고방식이라고 생각한다.

예를 들어 고생을 탓하지 않고, 앞으로 잘될 거라고 믿으며 열심히 살아가는 사람은 사고방식이 긍정적이므로 '(+)사고방식'을, 반대로 세상을 삐뚤게 보고, 남을 시기하며 열심히 살기보다는 일확천금을 노리는 사람은 '(-)사고방식'을 지니고 있다고 볼 수 있다. '(+)사고방식'을 지닌 사람은 인생 역시 (+)수치를 보이고, 조금이라도 '(-)사고방식'을 가지고 있다면, 아무리 능력이 좋고 열의가 높아도 인생은 마이너스 상태에 머물고 만다.

이나모리 가즈오의 인생방정식을 접하면서 환희를 느꼈다. '인생과 일'이라는 추상적인 단어를 이렇게 단순하면서도 가슴 와닿게 정의 내려준 그의 통찰력을 존경하지 않을 수 없었다. 좌우명으로 삼아도 무리가 없을 정도다.

다만, 이나모로 가즈오의 인생 방식에 첨언했으면 하는 게 있다. 바로 앞서 이야기한 '무엇을 위해서 일을 하는가?'라는 질문에 나만의 답을 내자면, 나의 존재이유를 망각하지 않으면서 내 옆을 지키는 소중한 사람들과 함께 행복하기 위해서다.

스리랑카 어부가 잡아온 물고기는 함께 맛있게 나누어 먹어줄 가족이 존재했기에 의미가 있었다. 이를 방정식에 대입해보자. 내 옆을 지켜주는 소중한 사람을 끊임없이 상기하고 판단의 중요한 잣대로 여기는 사람이 (+)사고방식을 키워 인생과 일에서도 진정한 성공을 이룰 수 있다.

소중한 사람을 위해 인생과 일을 함께 바라보자. 인생에서 성공과 그 성공의 가치가 곧 내 옆의 소중한 사람들의 미소라는 것을 알아차린다면 그 말의 참뜻을 알게 된다. 자신이 진짜 원하는 게 무엇인지를 정확하게 아는 것이란 생각보다 멀리 있지 않다.
당신 곁에서 묵묵히 힘을 실어주고 믿어주는 소중한 그들의 미소
가 곧 해답을 찾는 열쇠다.

시간이 지나도 변하지 않는 진리를 품어라

"30대 후반에 판검사가 되는 것이 늦었다고 생각하십니까? 아니면 인생을 제대로 산 사람이라고 생각하십니까?"

한 청중의 질문에 교수는 이렇게 말했다.

"30대 후반에 검사건 판사건 무언가 이루었다는 것이 중요한 것이 아니라 그 일이 자신이 진정으로 원하는 것이라면 인생을 제대로 산 사람이고 할 수 있겠죠. '숫자에 불과한 나이'와 '특별한 직업'이 중요한 것이 아니라, 본인이 원하는 가치 있는 삶을 살고 있느냐, 아니냐의 문제 아닐까요."

『당신은 드림워커입니까』라는 책에서 소개된 짤막한 이야기다. 판검사라는 지위만으로도 우러러볼 법도 하지만 교수의 대답은 전혀 달랐다. 내가 진짜 원하는 것을 추구하며 살아야만 인생을 제대로 사는 것이라고 말했던 교수. 그의 말에 깊은 감동마저 느껴진다. 그런데 내가 진짜 원하는 삶인지를 어떻게 확인할 수 있는 걸까?

　은행 내 대학선배가 노조선거를 나가겠다고 했다. 도움을 요청했고, 나 역시 돕겠다고 했다. 그런데 짓궂은 운명의 장난이었을까? 며칠 후, 은행 내 상사 한 분으로부터 전화가 왔다.

　"이 과장, 이번에 노조선거에 나가봐. 널 오랫동안 봐왔는데 그 일이 너하고 잘 어울린다. 한번 해봐."

　"지금 하는 일도 충분히 재밌고 좋아요. 좋게 봐주고 추천해주신 거는 고맙습니다만 생각이 없네요. 죄송합니다. 이만 끊습니다."

　하고 있는 일이 우선이었고, 선배가 이미 출마를 선언한 상태에서 경쟁자로 나오는 것은 도리가 아니었다. 그러나 상사는 쉽게 포기하지 않았다. 그 뒤로도 여러 통의 전화를 걸어 마음속 욕망을 자꾸 건드렸다. 서서히 '하는 것'으로 기울어져 갈 때쯤 현 노동조합 간부인 국장님께 만나 뵙고 싶다고 요청을 드렸다.

　"국장님, 한 가지 여쭤보고 싶은 게 있어서요. 3년을 하셨잖아요. 어떠셨어요?"

　내 질문이 다소 황당했는지도 모르겠다. 하지만 국장님은 솔직하게 말씀해 주셨다.

"힘들기는 한데 의미가 있었지요. 한번쯤 해볼 만해요."

사실 국책은행이라는 곳에 힘겹게 입사한 내가 노동조합을 선택한다는 것은 평범하고 안전한 길에서 한참이나 비껴나는 일이었다. 뭘 해도 칭찬 받기 어려운 자리일뿐더러 '멀쩡했던 놈이 왜 그런 거야?'라며 지금껏 쌓아온 이미지를 순식간에 무너뜨릴 수 있는 큰 모험이었다.

한때 3000명 이상의 조직에서 딱 10명이라는 직장인의 꽃, 임원의 꿈을 꾸기도 했었다. 그런데 그런 임원들의 반대편인 노동조합 간부라는 직함으로 협상 파트너가 되겠다고 하는 것이었다. 이제 겨우 7년차 애송이인 내가 말이다. 시간이 갈수록 선배가 반대편 후보라는 사실은 더 이상 중요하지가 않았다. 이 선택을 감당할 수 있는지가 더 큰 문제였다. 흉금을 털어놓곤 하는 친구에게 전화를 걸었다. 이야기를 다 들은 친구가 이렇게 말했다.

"해, 그냥. 너란 놈하고 그 자리가 꽤나 어울려. 그리고 너도 하고 싶잖아."

친구도 아내도 동의해주고 있었는데도 그것만으로 명쾌하지 않았다.

'누구에게나 주어지는 3년이 나에겐 어떤 의미가 있어야 하지?'

몰입 끝에 이렇게 정의 내렸다.

'첫째, 나라는 사람은 사람들과 소통하는 것을 좋아한다. 이번 기회에 전 직원들과 소통할 수 있다면 그 경험은 돈으로도 살 수 없을 거야. 둘째, 나는 협상이란 것을 제대로 해보고 싶었다. 수십 년의 경력이 있는 선배들이자 경영진, 은행을 둘러싼 이해당사자들과 제대로 된 협상을 한번 해보자. 마지막으로, 은행 7년차 과장인 내가 언제 은행 전체를 바라볼 수가 있을까? 이건 나에게 기회다. 그래, 이 세 가지를 실현해 볼 수 있는 황금 같은 기회!'

승패보다 당선 후, 보내야 될 3년이란 시간의 '정의'가 나에겐 필요했다. 생각이 정리되자 주저할 필요가 없었다. 상대 후보로 나온 선배에게는 미안하다고, 우리 한번 선의의 경쟁을 해보자고 제안했다. 선배와 껄끄러운 관계가 아예 없진 않았지만, 선거가 끝나고선 진심으로 축하해주어 고마웠다.

그 3년은 정말 헉헉 거릴 정도로 힘들었다. 끝날 때쯤에는 불만을 토로해야 할 직원들마저 고생했다고 말해주는데 눈물이 날 정도였다. 내가 시작 전 내린 '3년이라는 시간의 정의'에는 반 정도 부합할 수 있었던 거 같다. 혼자서 빛이 나기보다는 힘들어도 서로 부축하고 버텨냈던 경험들이 성장의 자양분이 되었다. 또 나의 내면에 있던 '원석'이 3년이라는 시간으로 재발견된 것 같아 행복했다.

리스크가 큰 선택은 고민이 수반된다. 차라리 피해버리면 고민할 필요조차 없었을 것이다. 하지만 진짜 원하는 것을 알기 위해선 리스크를 떠안아 봐야 한다. 어제와 다른 나를 꿈꾼다면, 리스크를 안고 모험을 감행해야만 한다. 그럼에도 주저하는 이유는 리스크 자체가 두렵기도 하고 후회할 지도 모르기 때문이다. 어쩌면 인간의 자연스런 감정일 것이다.

미국 건국의 아버지라 불리는 벤저민 프랭클린 역시 선택의 문제에서 자유롭지 못한 자신과 주변인을 위해 실용적인 방법을 후세에 남겼다. '심리적 대수학(moral algebra)'이라고 불리는 프로세스이다.

"나는 종이 한가운데 절반으로 나눠 길게 줄을 그은 다음 한쪽에는 장점, 다른 쪽에는 단점을 적는다네. 그리고 그 장단점 각각의 중요도를 비교해보네. 중요도가 엇비슷한 것을 각 칸에서 하나씩 찾아내면 그 두 개를 지우고, 만약 어떤 장점이 두 개의 단점과 같은 중요도를 가진다고 판단되면 그 세 개를 함께 지워버린다네. 두 개의 장점이 세 개의 단점과 비슷한 경우에는 다섯 개를 지우는 거지. 이렇게 하다 보면 마침내 균형이 어느 쪽으로 기우는지 알게 된다네. 그리고 하루이틀 더 생각해봐도 새로운 장단점이 떠오르지 않으면 자연스럽게 결정을 할 수 있다네."

어떤 결단을 내리기 위해서 이 방식대로 경중에 따라 제거해

나간다면 무척 실용적인 판단 리스트가 된다.

이보다 좀 더 가슴에 와닿는 방식을 취한 사람도 있다. 아마존 창립자인 제프 베조스의 이야기다. 그는 회사를 계속 다닐 것인지, 사표를 내고 아마존을 설립할 것인지라는 극심한 고민에 직면할 때 '후회 최소화 프레임워크(regret minimization framework)'를 썼다고 한다. 월스트리트 헤지펀드에서 최연소 부사장을 하고 있던 베조스는 어느 날 상사에게 결심한 듯 말했다.

"미친 짓을 할까 해요. 인터넷으로 책을 파는 회사를 창업할 겁니다."

그 말에 상사는 잠시 베조스와 산책을 하고 난 뒤 최종적으로 결정을 내기 전에 이틀 동안 다시 한 번 생각해보라고 조언한다. 결국 최종 선택은 베조스가 해야 했다. 이때 그는 자신의 여든 살의 모습을 상상했고 결국 결단을 내리게 된다. 제프 베조스의 했던 말을 인용해본다.

"만일 당신이 여든 살이 됐다고 가정하고 '그때 나는 어떻게 생각할 것인가?'라고 생각해보라. 그러면 당신은 일상적인 판단의 혼란에서 벗어날 수 있다."

나에게 있어 노조선거 출마는 '별난 선택이자 모험'이었다. 심적 부담을 크게 느꼈던 만큼 나 자신에게 던진 질문과 고민으로 몇 날 며칠을 보냈었다. 그렇다고 다시 물러서고 싶지도 않았다. 이제와

서 뒷걸음질 치는 건 변화를 거부하는 것이라고 나를 몰아세웠던 것이다. 그래서였을까? 벤저민 프랭클린과 제프 베조스의 방식은 아니었지만, 내 나름대로 '나는 왜 이 일을 하고 싶은가? 나에게 3년은 어떤 의미를 부여할 것인가?'라는 질문에 집중하는 나 자신을 보았다. 끊임없이 나를 만족시키는 답을 찾으려 무던히도 애썼다.

자신이 진짜 원하는 것이 무엇인지를 탐색하고 실행에 옮기는 것만큼 인생을 충실하게 사는 것이 또 있을까? 누구나 후회가 남지 않는 삶을 원한다. 하루 24시간, 1년 365일이라는 시간은 모두에게나 공평한데도 누군 자신이 원하는 진짜의 삶을 사는가 하면 또 다른 누구는 남의 인생을 대신 살아주고 있다. 결국, 스스로에게 물어야 한다.

'나는 왜 이 일을 하고 싶은가?'

나의 목숨값은 삼만오천 원

올해로 27살인 A군은 주류업체 영업사원으로 근무하다 도저히 적성에 맞지 않아 이직을 심각하게 고민하고 있다.

"취업난이 심한 상황에서 얼떨결에 괜찮은 곳에 취업이 되어 덜컥 입사했다. 그때부터 고통의 연속이었다."

제조업체에 입사한 28살 B양 역시 현 직장보다 남들 눈에 더 좋아 보이는 자리가 욕심이 났다. 결국 연봉과 복지가 좋은 외국계 회사로 이직했지만 몇 달이 지나자 생각이 달라졌다.

"회사 인지도만 보고 왔는데 일은 재미없고 직장상사나 조직 분위기는 이전 회사보다 더 안 좋다. 나하고 안 맞는 것 같다. 출근하기 싫어서 운 적도 있다."

그 어렵다던 취업난을 뚫고 입사한 청년들이 다시 탈출을 꿈꾼다. 왜일까? 현재의 삶이 불만족스러워서다. 누구는 현재를 선물

(Present)라고 하는데 선물이 아닌 괴로움으로 오늘을 버티는 청춘들. 이제는 다른 무엇보다 자신을 깊이 바라보며 '어떻게 살아야 할지'를 물어야 할 절실한 타이밍이다.

2003년 12월 어느 날 오후, 스리랑카 서북부의 이름 모를 산에서 나는 필사적으로 암벽을 오르고 있었다.

"으아아! 경사가 더 가파르잖아, 젠장! 내가 왜 이런 미친 짓을 한 거야! 아아아. 제발 살려줘!"

그 순간 제정신이 아니었다. 암벽을 타고 절반 정도 올라왔는데, 오르지도 내려가지도 못하는 미쳐버릴 것 같은 상황이 앞에 펼쳐졌다. 여행객 복장에 멋진 선글라스를 끼고 무심코 '산 위에 보이는 커다란 불상 한번 보러 가볼까'란 생각으로 길을 나섰다. 산 중턱까지 올라서자 많이 가팔라 보이지 않는 암벽이 시선을 끌었다. 그래서 선택했던 암벽, 그 중간지점에서 25살 인생 최대의 위기, 아니 이 세상과의 마지막이 될 수 있는 상황을 겪고 있었다. 어떻게든 살겠다고 거미처럼 온몸을 암벽에 밀착하는 절체절명의 순간에 난 고해성사를 하고 있었다.

'이역만리 떨어진 이곳에서 설레발치다 목숨을 잃을지도 모르겠습니다. 누가 시켜서도 아닌 스스로 만들어낸 이 상황이 너무 후회스럽습니다. 죄송합니다. 아버지! 어머니!'

그렇게 몇 분간을 심하게 흐느꼈다.

태양이 작열하는 오후, 어느새 눈물은 마르고 초긴장 상태로 땀이 비 오듯 했다. 심호흡하고 정신을 되찾아야만 했다. 저 밑에 있는 도로까지 다시 내려갈 수 있을까? 분명 올라왔던 길임에도 내려갈 엄두가 도저히 생기지 않았다. 발을 헛디딘다면 20미터 이상의 높이에서 추락 사고를 피할 수 없었다. 그럼, 올라가는 방법밖에 없다. 하지만 지금껏 올라온 것보다 더 가파른데 잡거나 디딜 홈이 눈에 띄지 않았다. 눈에 보이는 거라곤 군데군데 바위 틈새로 자라난 '건초더미들' 뿐이었다. 내 몸무게가 80kg임을 감안할 때 힘없어 보이는 저 건초더미에 몸을 맡기는 건 인생 최대의 도박이었다.

'저 건초더미에 내 목숨을 걸 수 있을까?'

어렸을 적 보았던 '소머즈'란 인조인간이 나오는 미국드라마가 떠올랐다. 건초더미가 몸을 지탱할 수 있는지 내 오른발은 소머즈처럼 '다다다다'라는 빛의 속도로 점검하고 있었다. 내가 지금 무엇을 하고 있는 것일까? 실성한 사람처럼 웃음마저 나왔다. 눈물 섞인 웃음. 다시 가다듬고, 냉정하게 생각해봤다.

'오른발을 건초더미에 올려놓을 때, 양손은 또 다른 건초더미를 동시에 붙잡고 이동해야만 한다. 오른발에 놓인 건초더미가 내 몸무게를 지탱하지 못하거나 또는 지탱하더라도 양손에 잡힌

건초더미 모두가 속절없이 떨어져 나간다면, 난 그대로 추락하고 만다.'

더 나은 방법이 있을까? 아니, 이 방법밖에 없었다. 내려가지 못한다면, 저 건초더미들을 믿고 올라갈 수밖에. 그리고 난 미친 듯 자기주문을 걸었다.

'야! 이도권! 지금의 모든 것을 기억해! 추락해서 죽는다면 억울해서 이승을 떠돌 거야. 그런데 내가 여기서 살아나간다면, 앞으로의 내 인생을 감사하고 또 감사하며 살아야 돼. 아무리 힘들 때라도 이 순간에 드는 감정 하나하나를 기억해낸다면 무슨 일이든 못 해낼 게 없다. 그래 가자!'

오른발을 건초더미를 밟고 오른손은 또 다른 건초더미를 잡고 몸의 중심을 이동했다. 하늘이 도왔다. 보기보단 뿌리가 깊이 박힌 건초더미였던 것이다. 그렇게 초긴장 상태로 한참을 올랐다. 암벽의 정상쯤에 올랐을 때 눈앞엔 가시덤불이 있었다. 목숨을 건진 나에게 가시덤불은 장애가 되지 않았다. 반팔에 반바지 복장이었지만 거침없이 뚫고 나왔다.

그렇게 사투를 벌이며 오른 산 정상, 나는 커다란 불상 옆에 쓰러져 하늘을 쳐다보았다. 삼만오천 원짜리 선글라스가 사라진 것을 뒤늦게 알았다. 순간 선글라스가 '내 목숨값'이구나라는 생각이 드는 건 죽다가 살아난 자가 느끼는 최고의 여유였다. 팔과 다리에는 가시덤불에 긁힌 흔적들로 여기저기 피가 흐르고 있었다.
뜨거운 눈물이 흘렀다.

'아, 살았구나… 진짜 죽다 살았구나!'

아직도 태양이 작렬하던 그날 오후 2시를 잊을 수가 없다. 무모했던 선택으로 죽음이란 그림자를 본 듯했고, 머릿속 모든 사고회로가 엉망으로 엉켜버렸던 인생 최악의 날이었다. 그때 가장 미안하고 보고 싶었던 사람이 부모님이었다는 것이 참 새롭다. 반대를 무릅쓰고 떠났던 여행이라 그런지 부모님께 더 죄송했다.

그런데 정말 신기하게도 최악의 날이 인생 최고의 날이 되어버린 것은 한순간이었다. 극단적인 상황에서 생각을 뒤집었기 때문이다. 만일 죽는다면 참으로 허망한 삶을 살았고, 불효자식이 될 거라고 생각하니 너무나 죽기 싫었다. 아니 그래서 더 살고 싶었다. 죽음에서 벗어나보니 살아 있는 그 순간이 그렇게 달콤했다. 한편으론 이 죽을 고비에서 살아남기만 한다면 어떤 고난과 고통도 견뎌내게 할 엄청난 힘을 갖게 될 것만 같았다. 그래서 다짐하고 또 다짐했었다. 살고 싶어 몸부림치는 이 순간의 모든 감정과 행동 하나하나를 온몸으로 기억해내야 한다는 것을. 이렇게 지금 이 순간을 선물한 그날은 내 생의 최고의 날이 될 수 있었다.

나는 그렇게 다시 태어났다. 살아있음의 소중함을 깨우쳤기에 덤으로 주어진 인생을 제대로 살고 싶었다. 또 하나, 어떤 일이 닥치더라도 그때만큼 힘들 수 없다는 든든함도 들어섰다. 그런 이유로, 유독 삶의 의미를 묻는 '어떻게 살아야 할까?', '나는 제대로 된 삶을 살아가고 있는가?'와 같은 질문을 좋아하게 됐다. 그리고 찾아낸 답이 모험과 위험을 수반한 결단이더라도 그 선택 자체를 인정하고 즐기게 되었다. 걸어온 길이 오래되진 않지만 지금껏 후회로 점철된 인생의 '암'보다 잘 살아가고 있다는 '명'이 압도적으로 커져가고 있다는 걸 스스로 확신하는 중이다.

어떻게 살아야 할지 여전히 갈팡질팡하는 사람들에게 잔잔하면서도 묵직한 메시지를 주는 사람이 있다. 『하워드의 선물』의 저자 하워드 스티븐슨 교수가 그 주인공이다. 어느 날 하버드 대학 교정을 거닐다가 갑작스런 심장마비로 쓰러진다. 기적적으로 깨어난 그는 놀라서 병문안을 온 제자에게 "난 충분히 만족스러운 삶을 살았고, 인생에 후회가 없다"라고 말한다.

갑작스런 죽음의 소식 앞에서도 인생에 대한 만족을 이야기하는 그의 모습과 서두에서 언급한 두 청년의 모습이 오버랩 되면서도 마흔을 앞둔 나 역시도 생각에 잠기게 된다. 죽음 앞에서 우리는 그렇게 말할 수 있을까?

어렵고 힘든 질문이다. 그렇다고 피해갈 수도 없다. 피하는 순간 도돌이표처럼 삶의 불만족과 후회라는 불청객은 다시 찾아오기 때문이다. 그래서 물어야 한다.

'나에게 제대로 된 삶이란 어떤 삶인가? 그러한 삶을 위해 어떻게 살아야 할 것인가?'

집요하게 묻고 마음이 외치는 진짜 소리에 집중해보자. 물론, 불만족스러운 삶과의 결별은 쉽지 않다. 변화하려는 의지를 가슴에 품고 익숙하지 않은 것으로 진입해야 한다. 어쩌면 삶을 통째로 흔드는 일일 수도 있다. 경험하지 못했기에 혼란스럽기도 하다. 이럴 때 쓰는 방법이 있다. 혹시 눈길을 걸을 때 자신의 발만 바라보며 한참 걸어본 적이 있는가? 지나온 길을 한번 뒤돌아보라. 걸어왔던 길이 직선의 길인가? 이리저리 방향을 잃은 듯 갈지(之)자인가? 아마 갈 지자일 것이다. 이번에는 저 앞에 보이는 나무 한 그루를 목표 삼아 쭉 걸어가 보면 어떻게 될까? 군더더기 없이 직선의 길을 걷게 된다.

삶이 혼란스러울 땐 그 일에서 잠시 벗어남과 동시에 가장 필요한 질문 하나에 집중해보자.

'죽음의 순간에 나는 만족스런 삶을 살았다고 말할 수 있는가?'

어제와 같은 오늘을 사는 사람들에게 벼락같이 내리치는 압도적인 질문이다. 신기하게도 질문에 진심을 담아 적다 보면 남이 아닌 오롯이 '나로서' 살아야만 된다는 깨달음을 얻게 된다. 당연히 이런 과정 모두가 진짜 원하는 것을 찾아가는 멋진 작업들임에 두말할 필요가

없다.

하루 24시간, 1년 365일이라는 시간은 누구에게나 공평하다. 그럼에도 누군가는 자신이 원하는 진짜의 삶을 사는가 하면 또 다른 누구는 남의 인생을 대신 살아주고 있다. 자신이 원하는 일을 하고 있다면 인생을 제대로 살았다고 할 수 있을 것이다. 그런데 내가 진짜 원하는 삶인지 아닌지는 어떻게 확인할 수 있는 걸까? 다음 질문이 도움 될 것이다.

1. 누구도 아닌 자신의 마음에서 시키는 생각을 행동으로 옮기고 있는가?

2. 열정적으로 비전에 매달리고 있는가?

3. 내 옆의 소중한 사람들의 미소가 무엇보다 중요하다는 것을 알고 있는가?

4. 나는 왜 이 일을 하고 싶은가?

5. 죽음의 순간에 나는 만족스런 삶을 살았다고 말할 수 있는가?

보이는 것보다 보이지 않는 것을
더 중요하게 여기고 있는가?
_ 끌어당김

나의 어깨를 빌려준다는 것

어느 한 기업의 채용담당자가 서류전형 탈락자에게 보낸 문자가 화제다. 아래는 그 내용의 일부다.

"서류 전형 발표 후 다시 연락드리기 죄송한 마음도 있지만 귀한 시간 내어 지원해주신 분들께 감사인사를 드리는 것이 예의일 것 같아 연락드립니다. 불편하시다면 죄송합니다. (중략) 지원자님께서 부족하고 모자라서가 아닙니다. 더 많은 분을 모시지 못하는 회사의 잘못입니다."

채용결과를 통보조차 해주지 않는 차가운 현실에서 기업의 이 같은 불합격 메시지는 취업준비생들 사이에서 큰 울림을 줬다. 알고 보니 해당 문자를 보낸 사람은 입사한 지 3년도 안된 인사팀 직원이었다고 한다. 3년 전 자신도 불합격했을 때 느꼈던 그 허탈한 심정을 잊지 않았던 것이다. 그 마음 씀씀이가 아름답다. 상처에 깊이 공감하고 나의 어깨를 빌려주는데 마다하지 않는 것. 바로 이런 행동들이 각박해져 가는 세상에 온기를 돌게 한다.

중고등학생 취학률 54%, 나머지 46%는 소년 소녀 병사와 아동노동에 가담하는 나라, 50년 가까이 내전이 지속됐던 나라, 바로 콜롬비아 이야기다. 그런데 이 아이들을 위해 '나는 무엇을 할 수 있을까?'라고 고민하는 무용가가 있었다. 40여 개국에서 공연을 하던 남미를 대표하는 무용가였다. 하지만 그는 바로 이 질문과 함께 그간의 명성을 뒤로하고 돌연 고국으로 돌아온다. '몸의 학교' 설립자 레스트레포의 이야기다. 6년간의 준비 끝에 1997년, 지금의 '몸의 학교'라는 대안학교를 설립했다. 학교가 세워진 1997년은 콜롬비아 정부군과 반군 사이 내전이 한창일 때였다. 레스트레포는 '몸의 학교를 설립한 이유'를 어느 일간지 인터뷰에서 이렇게 말했다.

"콜롬비아의 아동들은 전쟁의 참화 속에서 분노와 좌절을 뼛속까지 새겼다. 춤을 추기 전 그들이 봤던 몸은 폭력의 몸일 뿐이었다. 하지만 춤을 추면서 자신의 몸에 대해 새롭게 인식을 하게 되는 것이다. 허공을 휘젓는 팔동작이, 강렬한 시선이, 원을 그리는 다리가 아름다움을 표현하고 사람들의 감동을 끌어낸다. 보잘것없어 보이던 몸이 아름다움의 가치가 되고 그것은 '나는 가치 있다', '나는 아름답다'는 존중의 회복으로 이어진다. 내 몸에 대한 긍정과 존중은 내 삶의 주인공이 나라는 사실을 알려준다. 전쟁과 가난 속에서도 꿈을 찾고 삶을 개척해 나갈 수 있는 의지를 심어준다."

그렇게 이 학교는 아이들로 하여금 내전으로 겪은 깊은 상처들을 치유해가는 작은 기적들을 낳는다. 아이들의 인터뷰가 무척 와닿는다.

"보잘것없던 내 몸이 사람들의 마음을 움직인다는 것이 너무 놀랍고 행복해요."

"내가 처한 비참한 현실을 잊어요. 그래서 가끔은 예술이 빵보다 중요할 때도 있어요. 왜냐면 춤을 통해 꿈을 가지게 됐거든요."

레스트레포는 단지 춤을 잘 추는 기술만 가르쳤던 것이 아니었다. 아이들에게 '폭력을 휘두르는 쪽'이거나 '피해를 당하는 쪽'인 양자택일적인 사람이 아니라, 춤을 통해 자신의 꿈을 좇는 새로운 길을 터 준 것이다. 그는 한국과도 인연이 깊어 인터뷰에서 이렇게 말했다.

"뉴욕에서 만난 한국인 무용가 조규현은 내 정신적 스승이다. 그가 내게 교육자의 길을 처음으로 제안했다. 조규현은 내게 '(콜롬비아는) 춤으로 가득한 곳이야. 네가 배운 춤을 그곳에서 꽃피

워보면 어떨까?'라고 말했다. 난 그에게 한 개의 씨앗을 받았다. 그 씨앗이 자라 지금의 몸의 학교가 된 것이다."

현재 '몸의 학교'는 기회를 박탈당한 아동들을 대상으로 대규모 프로젝트를 기획하고 있다. 레스트레포가 스스로에게 던진 '고통받는 아이들을 위해 무엇을 할 수 있을까?'라는 질문은 수많은 아이들의 인생을 긍정적으로 뒤바꿔놓는 계기가 되었다. 무대 안에만 갇혀 있던 '틀 속의 예술'을 '삶 속의 예술'로 전환한 사례다. 그래서인지 레스트레포의 마지막 인터뷰가 그의 진정성을 느끼게 해준다.

"국가가 버린 아이들을 어떻게 해야 할까? 내 고향 콜롬비아의 비참한 상황은 예술가인 내 가슴 한편을 늘 무겁게 짓눌렀다. 난 예술이 사회를 향했을 때 비로소 본래의 의미를 찾는다는 결론에 이르렀다. (중략) 전쟁으로 갈가리 찢긴 콜롬비아에는 더 많은 예술가가 필요하다. 아이들을 가르치면서 난 무대에 설 때보다 더 예술적인 삶을 살고 있다."

누군가의 고통에 가슴 한편이 짓눌렸던 경험은 나에게도 있었다. 2005년 2월, 스리랑카는 쓰나미가 발생한 이후 두 달이 지났지만, 온 나라는 여전히 마비되어 있었다. 안타깝게도 정부의 재난복구 역량은 너무나도 열악했다. 당시 나와 함께했던 긴급구호

팀은 피해지역 내 쓰나미 트라우마를 겪고 있는 어린아이를 대상으로 놀이와 교육활동에 집중하고 있었다. 구호활동의 대부분이 집짓기나 피해주민들을 위한 물품 조달에 치우치다보니 여러 구호단체들 속에서도 우리의 활동은 이색적이었다. 특별한 구호기술이 없었던 나에겐 더할 나위 없이 좋은 프로그램이었기도 했다. '비전문가인 내가 그들의 아픔에 공감하는 것만으로도 아이들에게 도움이 될 수도 있겠구나'라는 자신감으로 번지게 했다.

우리는 피해마을 한 마을회관에 모였다. 동네에 대단한 행사가 열린 것처럼 많은 아이들과 부모님이 왔다. 아이들은 아이들대로 뛰어 놀고 어른들은 어른대로 이야기꽃을 피우는 모습에 우리를 불편하게 생각하지 않은 것 같아 마음이 놓였다. 아이들이 좋아할 만한 애니메이션 영화를 짧게 상영했는데 일단 반응은 좋았다. 한국에서 온 외국인들이 자신들 마을회관에 와서 영화를 상영한다는 사실 자체가 호기심을 자극했고, 쓰나미가 있고서 아이들이나 부모 어른들이 이처럼 한곳에 모인 적인 없었던지라 더 반가워했다.

나는 행사의 하이라이트인 해변가에서의 '연날리기' 행사를 위해 먼저 자리를 떴다. 연날리기를 처음에 고안한 이유는 특별하다. 쓰나미로 수많은 사람들이 희생되기도 했지만 가까스로 살아남은 사람들도 많았다. 하지만 그들에게 바다는 더 이상 삶의 터

전이 아닌 공포였다. 쓰나미로 육지의 토양을 한꺼번에 휩쓸었던 바다는 한동안 사람의 피를 머금은 것처럼 불그스름했다. 쳐다보기만 해도 두렵고 슬펐을 것이다. 특히나 어린아이들은 쓰나미를 겪은 뒤 트라우마로 정상적인 생활마저 하기 어려웠다고 했다.

'이들을 위해 우리는 무엇을 할 수 있을 것인가?'

그 고민의 산물은 바로 해변가에서 '연을 날리고 함께 뛰어 노는 것'이었다.

얼마간의 시간이 지나자 아이들이 우르르 몰려왔다. 다행히 다들 표정이 밝아 보였다. 준비한 연을 하나씩 나눠주자 일제히 연을 날리기 시작했다. 이 광경을 지켜보던 마을에 한 아저씨가 우리에게 말했다.

"아이들이 쓰나미 사고 이후 두 달 가까이 해변가 근처에도 오지 못했어요. 어른, 아이 할 것 없이 바다는 공포의 대상 그 자체였거든요. 그런데 오늘 당신들이 준비해준 뜻깊은 행사 덕분에 마을 사람들 모두 웃음과 행복을 되찾은 듯해요. 보는 내내 제 마음마저 흐뭇하네요. 고마워요."

그들에게 학용품을 비롯한 물품을 전달하기도 했지만, 물건을 기부하거나 나눌 때의 마음과 아이들과 함께 연날리기 하며 해변가를 같이 뛰었던 내 마음은 많이 달랐다. 누군가 나에게 물건을 나누는 사람으로 기억되는 것과 연날리기 하며 함께 웃고 뛰어

노는 친구로 기억되는 것 중에 어느 것을 선택하겠느냐고 묻는다면, 후자로 기억되는 걸 선택할 것이다.

그때에도 많은 구호단체들은 집짓기를 위해 대규모자금을 동원해 굴삭기, 덤프트럭 등으로 쓰나미 긴급구호작업에 박차를 가하고 있었다. 긴급구호활동 초기엔 사회기반시설을 신속히 복구시켜야 함은 당연하다. 그러나 죽음의 공포를 겪었던 그들은 물질적 원조만으로 치유되지 않는다. 피부색이나 종교와도 상관없이 인간애라는 띠만으로도 서로가 끈끈하게 연결될 수 있음을 경험으로 알게 됐다. 그들은 우리들의 진심을 품어주고, 극한의 시련 속에서도 꿋꿋한 미소로 '인간의 위대함'을 보여주었다.

레스트레포는 아이들을 가르치면서 자신이 무대에 설 때보다 더 예술적인 삶을 살고 있다고 고백했다. 구호활동의 비전문가였던 나는 극한의 상실 속에서도 미소를 되찾던 스리랑카 사람들을 보며 삶의 위대함을 배웠다. 두 경우가 다른 듯하지만 관계를 통한 행복의 '결'은 다르지 않아 보인다.

사람은 혼자서 살 수 없는 존재다. 오히려 다른 사람과의 관계를 통해 '나는 혼자가 아니다'라는 것을 인지하기도 한다. 행복은 저마다 가지고 있는 상처에 마음을 열어 깊이 공감하고 자신의 어깨를 빌려줄수록 커진다. 당신의 삶, 좀 더 아름답게 만들고 싶지 않은가?

소박한 포장마차에서의 화려한 출정식

청년들의 멘토로 활동하고 있는 작가 제갈현열의 책『지금처럼 살거나 지금부터 살거나』에선 청년들의 고민들이 여러 차례 언급된다. 책장을 넘길 때마다 짤막하게 소개된 그들의 이야기는 '휙' 넘기기엔 주는 메시지가 강렬했다. 여기에 몇 가지를 적어본다.

"이따금씩 부품이 되고 있다는 생각이 들어요. 회사라는 거대한 엔진을 돌리는 하나의 부품이요. 사실 누구나 그렇듯 저 역시도 엔진을 꿈꿨어요. 근데 정신 차려보니 남의 엔진을 돌리는 작은 톱니바퀴가 되어 있더라고요. 허탈해지죠. 아무래도 그때는."

_애널리스트 S군과 나눈 대화 중에서

"입사 제의를 여러 번 받았어요. 몇 번 사회생활이란 걸 경험하기도 했고요. 근데 그때마다 내가 느낀 건 회사생활로는 도저히 만족할 수 없다는 것이었어요. 사회는 모든 지위에 책임을 주고 그 책임만큼의 행동을 강요하니까요. 내가 하고 싶은 건 모든 책임을 내가 지고, 내게 허용된 모든 행동을 하는 것이에요. 리스크는 크지만 이익도 크죠. 가장 큰 이익은 내가 살아있다는 생각이 드는 것이고요.”

_한국의 미슐랭을 꿈꾸는 어플리케이션 제작자 K군과 나눈 대화 중에서

이 두 가지 고민은 나에게도 깊은 울림을 주었다. 애널리스트의 S군이 말한 ‘부품이 아닌 엔진으로 살고 싶다는 꿈’과 한국의 미슐랭을 꿈꾸는 K군의 ‘모든 책임을 지고 허용하는 모든 행동을 하는 것, 그것이 내가 살아있다는 생각이 드는 것’은 정확히 내가 생각하는 ‘일의 가치관’과 일치한다. 물론 조직의 부속품으로 살아가면서 안전하게 지내고 싶은 사람도 있을 것이다. 미안하지만 나는 그렇게 살아가는 사람들에게 전달해줄 메시지가 따로 없다. ‘당신은 일을 통해 무엇을 얻고자 하는가?’라는 질문에 가슴 벅차고 흥분하는 누군가를 위해 내 이야기를 하고 싶다.

신입 시절, 일을 배우기도 전에 거래처와의 저녁식사에 매일 술에 절어 살았다. 게다가 은행원은 ‘꼼꼼함과 숫자로 무장해야만 한다’라는 말에 걸맞지 않게 특유의 덜렁거림으로 보고서를 연

속 일곱 번이나 반려 당한 적도 있었다. 멀쩡했던 기업들이 연이어 부도를 맞을 때에는 일을 손으로 배우는지 코로 배우는지 모를 정도로 밤낮을 정신없이 부대끼며 살아왔었다. 입사하기 전 자기소개서에 언급했던 초심과 열정은 어떤 곳에서도 꽃피기가 쉽지 않았다.

그렇게 7년 정도의 시간이 흘렀다. 3년 넘게 소속된 팀에서 다른 팀으로 배치를 받았다. 기존의 A팀 컬러가 문제 업체들을 보수적으로 관리해야만 하는 감독관 같은 팀이었다면, 새로 편입된 B팀 컬러는 야생에서 살아남기 위해서 풀을 찾아 떠나야만 하는 유목민 같은 팀이었다.

당시 나를 받아들인 B팀장님의 표정이 썩 좋아 보이지 않음을 직감적으로 알아차렸다. 25년이 넘는 팀장 밑에는 적어도 15년 이상된 직급이 와야 하는데, 7년차 과장인 나와 팀의 막내로 있는 5년차 대리를 이끌고 어떻게 일을 할 수 있을까 생각하셨다고 한다. 이 사실을 간접적으로 알게 된 난 오기가 발동하기 시작했다. 그리고 속으로 이렇게 다짐했다.

'팀장님, 제가 제대로 비행기 태워드리겠습니다. 한번 지켜보세요!'

A팀에서는 담당 거래처 회사들이 하루가 다르게 어려워지다 보니 시시각각 상황을 모니터해야 하는 긴장 속에서 일을 했다.

반면 B팀에서는 '어떤 거래처를 내 것으로 만들까?' 고민하는 고객 찾기가 주업무였다. B팀장님은 그런 면에서 최고의 안테나와 네트워크를 가지고 있었고 저인망 그물로 물고기를 훑듯이 온갖 거래처를 선별하고 분석하고 있었다. 다행히 B팀장님과 나는 둘 다 외향적이어서 급속도로 죽이 잘 맞아갔다. 특히 업체를 찾고 어떻게 설득할 것인지에 전략을 수립하는 팀 분위기는 나와 아주 잘 맞았다. 직장에서 처음으로 자유로운 영혼이 된 느낌이었다.

그러던 어느 날, 드디어 한 업체가 B팀장님의 레이더망에 포착됐다. 나와 후배직원은 타깃 업체를 신속하게 분석했다. 그리고 그 결과를 B팀장님에게 전달하려는 찰나 벌써 퇴근 시간이 가까워졌음을 알았다.

"팀장님, 내일 타깃 업체 방문해야 되지 않습니까? 내일이 결전의 날인데 그냥 집에 갈 수 없죠. 괜찮으시다면 은행 앞 포장마차에서 전략회의하는 거 어떠십니까?"

나의 걸쭉한 제안에 팀장님은 흔쾌히 "좋아, 오늘 거기 가서 출정식이라도 하지!"

그렇게 우리 세 명은 그날 포장마차에서 소주잔을 걸치며 기가막힌 전략회의 겸 출정식을 했다. 평소 회식할 때와는 다르게 술은 출정식을 하기 위한 수단일 뿐, 성공의 기운을 불어넣기 위한 회의이자 다짐의 시간이었다. 다행이었던 것은 타깃 업체가 돈이 필요 없을 정도 탄탄한 회사였기에 부실이라는 어두운 기운이 전혀 없었다. 오히려 은행원을 문전박대할 정도로 콧대가 센 업체였기에 그들을 설득하기 위한 무궁무진한 상상력을 동원해야 했다.

지금까지 수동적인 삶에 지쳐 있던 차에 나의 능력을 본격적으로 보여줄 시간이 왔음을 느꼈다. 내가 가진 모든 능력과 열정을 쏟아낼 것임을 팀장님과 후배에게 약속했다. 정말이지 이렇게 흥분시키는 딜을 미치도록 성공시켜 보고 싶었다.

다음 날, 말끔한 정장차림으로 팀장님과 함께 타깃 회사의 자금담당자와 미팅을 가졌다. 인상 깊었던 것은 타깃 회사의 자금담당부장이 아주 미세하게 드러냈던 불편함을 B팀장님이 동물적인 감각으로 간파했다는 점이다. 그리고 이내 그 문제 해결책을 이야기했고 나도 질세라 당신들의 그 불편함마저 우리가 적극적으로 해결해 드릴 수 있다고 온 얼굴에 하트를 담아 내뿜었다. 며칠 후, 서로가 미소를 짓는 성공적인 딜을 수행할 수 있었다.

이제 30년차가 된 팀장님은 부장님이 되셨다. 지금도 그날의 포장마차에서의 출정식과 그 딜을 은행생활에서 겪은 최고의 순간이라고 이야기한다. 나와 내 후배 역시 B팀장님 못지않게 최고의 순간으로 기억하고 있다.

왜일까? 일단, 문제를 접근하는데 있어서 자유롭고 주체적으로 상상할 수 있었다. 그러니 재미와 열정이 따라붙는 건 당연했다. 포장마차에서 출정식을 제안할 만큼 자발성이 넘쳤으니 일에 대한 몰입은 최고조였다. 마지막으로, 그 딜을 수행할 때는 마치 은행 대표처럼 말하고 행동하고 생각했다.

"우리를 믿고 따라오세요. 우리 함께 윈윈 합시다!"

이 일은 상호 신뢰가 빚어낸 멋진 예술작품 같았다. 그 업무에선 손을 뗀지가 벌써 수년이 지났다. 지금도 은행과 그 거래처와의 관계는 돈독하다고 들었는데, 앞으로도 관계가 더 발전되길 진심으로 기원해본다.

직장인이라면 한번쯤 '나는 조직에서 부속품에 지나지 않구나'라는 생각에 허탈했던 경험들이 있을 것이다. 나 역시 일정기간 동안 그 생각에서 쉽게 벗어나지 못했다. 더구나 수직적인 상하 관계에서 수동적으로 주어진 일에 열정이란 불을 지피기란 '젖은 풀에 불 붙이기'와 같다. 열정이 없으니 가슴도 뛰지 않는다. 회사에서 월급날이면 꼬박꼬박 돈을 주고 정년까지 보장해 줄 것임을 믿어 의심치 않는 것도 자유다. 그러나 조직에서는 성장해야만 살아남을 수 있다. 어떻게든 활력을 불어넣는 사람을 붙잡지 안주하려는 사람을 붙잡지 않는다.

여기서 한 발 더 나가야만 한다. 조직의 성장보다 나의 성장이 우선이

그 첫 번째가 내가 살아 있음을 느끼게 해주는 가슴 벅차고 '끌리는' 일에 올인하라. 남의 시선이나 기준보다는 마음이 끌어당기고 재미와 의미를 건질 수 있는 나만의 일을 찾아 몸을 던져야 한다. 그 과정에서 조직에 대한 애정이 누구보다 강해짐을 경험했다. 그것이 아무리 사측과 반대편에 섰던 노조를 했을 때도 말이다.

일개 피고용인으로 '나를 위해 조직이 존재한다'는 사고가 쉬운 것이 아님을 나는 안다. 그러나 그 고용인과 피고용인이라는 틀을 깨지 않으면 언제나 부속품에 머물 수밖에 없다.

그 틀을 깨기 위해선 스스로에게 '나는 지금 살아 있음을 느끼고 있는가?'라는 질문을 던져야 한다. 지극히 나를 사랑하는 질문이다. 그리고 이 질문에 대한 답을 찾아가면서 반드시 그 일을 매듭지어보라. 보이는 성과보다는 보이지 않는 과정에 더욱 주목하라. 이 모든 게 내가 살아있음을 증명할 수 있는 굉장히 소중한 경험들이다.

인류에게 준 신의 과제

어느 20대 후반의 공시생의 이야기다.

"아버지께서는 기술직 공무원으로 공직 생활을 하시다가 퇴직하셨어요. 그래선지 저는 꼭 행정직 공무원이 되길 바라셨어요. 제가 공대 나왔음에도 행정직을 택한 건 부모님의 영향이 제일 크지만 알아보니 다른 직렬보다 행정직이 좋다고들 하더라고요. 하지만 합격자 발표날 떨어졌다고 했을 때 "우리가 기대가 컸나 보다"라고 말씀하시는 부모님 표정에 마음이 무거웠습니다. "사기업은 절대 다닐 생각하지 말고…"라고 이어 말씀하시는데, 결국 부모님이 바라시는 건 공무원밖에 없다는 걸 알게 됐죠."

부모의 마음은 대부분 비슷한 것 같다. 안정된 직장에 다니며 평범하게 살아가길 바라는 마음. 사실, 아주 오래전부터 부모의 기대는 존재했었다.

일레로, 대부분의 부모들은 아이가 어떤 일을 결정하기 전에 부모에게 물어보라고 가르친다. 불이익이나 위험한 일을 겪지 않을까 하는 걱정 때문이다. 물론 나도 그런 사람 중에 한 사람이긴 하다. 어느 날 아침, 이제 다섯 살이 된 첫째 딸과 대화를 나눴다.

"연우야, 이거 어떻게 할지 생각해봐."

"나 생각 못해. 아빠가 해줘."

"아빠도 못해."

"아니 해줘. 해줘."

"연우 머리에 아빠가 들어갈 순 없잖아. 연우 머리로는 연우만 생각할 수 있어. 아빠 머리로는 아빠만 생각할 수 있고. 엄마 머리로는 엄마만 생각할 수 있는 거야. 그러니 연우 것은 연우 머리에서 직접 생각해봐야지."

처음으로 딸에게 이런 도돌이표 같은 말을 했다. 사실은 "너도 생각할 수 있어. 그러니 엄마 아빠가 이야기하는 것 말고 네가 하고 싶은 대로 한번 해봐"라고 말해주고 싶었다. 아이가 내 뜻을 전부 이해하지는 못했을 것이다. 잊지 않고 염두해 두었다가 시의적절할 때마다 연습할 뿐이다.

칼릴 지브란은 이렇게 말한다.

'당신의 자녀는 당신의 자녀가 아니다. 생명 자체를 갈망하는 생명의 아들, 딸들이다. 그들은 당신을 통해서 나왔지, 당신에게

서 나온 것이 아니다. 그들은 당신 곁에 있지만 당신에 속해 있지 않다.'

그러나 점점 각박해져가고 불안한 사회에서 부모 입장에서는 애가 탈 수밖에 없다. 그래서 '확률적으로 안전한 길'에 서 있기를 권한다. 안타까운 건, 부모의 이런 기대와 더불어 아이가 자신의 가치를 스스로 탐색해볼 틈조차 갖지 못한 채 성인이 된 경우다. 아마도 대한민국의 많은 청년들이 이와 비슷한 상황에 놓였으리라. 한 인격체로서 스스로가 가치 있는 사람임을 인지해본 경험이 없다면 자존감이 생기기란 만무하다.

더구나 자신의 존재이유를 누가 가르쳐준 적도 고민해본 적도 없다면? 주변의 것에 현혹되면서 흔들리고 불안해지는 건 어쩌면 당연한 수순이다. 불안감은 자아를 탐색하는 생소하고 두려워 보이는 길보다 확률적으로 검증된 '안전한 길'을 선택하도록 또다시 유도한다. 당장 길을 찾기 편하고 번듯해 보이기 때문이다.

그렇다면 청년들이 부모의 기대로부터 벗어나 나만의 인생을 살아가려면 무엇부터 해야 할까? 다름 아닌 '나만의 가치'를 파악하는 것으로부터 시작된다. 이건 '빨리빨리'와 '누구'와 비교해서 얻는 것이 절대로 아니다. 충분한 시간을 갖고 밖이 아닌 내면으로부터 해답을 찾아야 한다. 그런데 '안'에서 '나만의 가치'를 찾는 사례가 꼭 개인에게만 국한되지는 않는다.

한 국가에서, 그것도 드라마틱하게 이뤄낸 사례가 있다. 〈오마이뉴스〉 대표인 오연호 저자는 약 100년 전 불행했던 나라 덴마크가 가장 행복한 나라로 거듭났던 이유를 『우리는 행복할 수 있을까』라는 이 책 전반에 걸쳐서 이야기한다.

19세기, 바이킹 시절 덴마크의 식민지가 된 경험이 있는 영국은 덴마크의 해군을 항상 경계해왔다. 그 당시 해상무역의 주도권을 쥐고 있던 영국은 덴마크의 잠재적 불안요인을 봉쇄하고자 1801년 4월 2일 코펜하겐 항구의 정박소를 폭격한다. 그로부터 6년 후, 영국의 대함대는 다시 한 번 코펜하겐을 포위하고 며칠 동안 밤낮으로 공격한다. 이때 수천여 가옥이 파괴되면서 1800여 명이 사망했고, 항구에 정박되어 있던 무역선과 군함이 강탈당했으며 건조 중이던 배들마저 모두 불타 버린다. 해상무역이 국가의 근간이었던 덴마크는 재정 고갈 사태로 국립은행마저 파산하기에 이른다.

참사는 여기서 끝이 아니다. 7년 후, 나폴레옹이 벌인 프랑스-영국 전쟁에서 덴마크는 프랑스 편을 들게 되는데 그 전쟁마저 영국이 승리하게 된다. 영국에 밉보인 덴마크는 친영국 세력인 스웨덴에게 지금의 노르웨이 땅을 넘겨야만 했다. 그 결과 과거 스칸디나비아 3국을 통합했을 때 크기에 19분의 1로 영토가 줄

어들게 된다. 50년 뒤, 1864년 독일과의 전쟁에서 다시 패하면서 가장 비옥한 곡창지대였던 슐레스비히와 홀 슈타인마저 빼앗기는 수모를 겪는다. 근 70년 동안 바닥까지 추락하면서 전 국민이 굴욕적인 역사 한복판에 서 있었다. 그러나 아이러니하게도 바로 이 시점에 덴마크의 저력이 발휘된다. 상실의 극렬한 아픔 속에서 가장 건설적인 덴마크를 일궈내기 시작했다.

출발점은 '그룬투비라는 비전'을 가진 리더의 출현이었다. 목사이자 시인, 정치가였던 그는 주요 시민이었던 농민을 주목했다. 농민이 깨어나야 좋은 사회, 좋은 나라를 만들 수 있다고 확신했다. 국가가 주도하는 정규 교육과정과는 별개로 농민이 주도하는 농민학교를 세워 농사일은 물론 덴마크 역사와 문학 등을 공부하게 했다. 시험을 보지 않았고 자격증 같은 것도 따지 않았다. 오로지 '어떻게 살 것인가?'라는 주제로 끊임없이 토론하고 고민하게 했다. 새로운 나라를 세우기 위해 국민의 마음을 갈아엎었던 것이다. 이들은 서서히 '깨어 있는 농민'들이 되었고 그들은 협동조합 운동, 국토 개간 운동을 시작한다. 깨어 있는 농민들이 덴마크 사회를 완전히 바꿔버린 케이스다. 이런 이유로 덴마크는 전 세계가 격동했었던 19세기 후반부터 20세기 초중반에도 피의 혁명이 아닌 사회적 대타협으로 성공적인 민주주의 사회를 이룩할 수 있었다. 그 시절 덴마크 시민들이 외쳤던 슬로건이 '밖에서 잃은 것을 안에서 찾자'라고 하는데 그 메시지가 주는 울림은 매우 강렬하다.

불행한 나라에서 행복한 나라가 되기까지 얼마나 많은 시간과 노력을 들였을까? 오연호 저자가 말했듯이 덴마크의 위기 극복에서 큰 공을 세운 사람은 깨어 있는 농민 한 명 한 명이었다. 극도로 절망적인 순간에 이들에게 필요했던 것은 다른 나라가 위기를 돌파했던 방법이나 확률상 검증된 길이 아니었다. 그들은 전쟁에서 패하고 영토를 빼앗기는 등 굴욕적인 현실 속에서도 자신을 비하하지 않고, 주인이 될 수 있도록 모두 힘을 모았다.

자신들이 처한 상황이 어떤 다른 나라와 비교할 수가 없었고 비교할 필요도 없었다. 오로지 자신들이 어떻게 살아야 할지 '밖이 아닌 안'에서 근본적인 해답을 찾아 나섰다. 인상 깊은 것은 깨어 있는 농민 한 사람 한 사람이 '어떻게 인생을 살아갈 것인가?'를 끊임없이 토론했다는 점이다. 그 과정에서 자신에 대한 물음은 또 얼마나 이뤄졌을 것인가. 가장 힘든 상황에서 가장 근본적인 물음을 한 결과 지구상에서 가장 행복한 나라가 된 덴마크. 그런데 여기엔 놓치기 쉬운 맹점이 있었다. '행복국가 1위'라는 '폼 나는 길'을 좇는 건 또다시 남의 길 위에 서게 될 수 있다. 1위가 중요한 게 아니다. '어떻게 살아야 할 것인가?'를 스스로에게 물었느냐가 중요한 것이다.

이 질문이야말로 인류 모두에게 내린 신의 과제라고 생각한다. 덴마크는 덴마크 식으로 신의 과제를 풀어나갔다면 우리는 우리 식으로 풀어나가면 된다.

부지런한 농부의 마음처럼 씨앗을 뿌리고 직접 일궈야만 한다. 결국엔 뿌린 씨앗대로 남의 인생이 아닌 나의 인생을 사는 크고 단단한 나무가 되어 있을 것이다. 그것만큼 인생의 기쁨이 가득 찰 일도 없을 뿐더러 강력한 매력을 풍기는 것도 없다. 그래서 묻는다.

'당신은 혹시 확률만 좇다 어느새 나를 잃어버리진 않았는가?'

삼천 원으로 행복을 사다

'sympathize'란 영단어를 '동정하다'가 아닌 '공감하다'로 해석되어야 한다고 이야기하는 청년이 있다. '끌림'이라는 프로젝트로 폐지 줍는 노인들의 리어카에 광고를 달았던 박은호 학생이 그 주인공이다. '리어카에 광고를 붙여서 수익을 드리면 되지 않을까?'라는 생각에서 출발했던 이 프로젝트가 이제는 사회적 문제를 해결하는 비즈니스 모델로 언론의 주목을 받기 시작했다. 다음은 프로젝트 과정에서 기억나는 에피소드가 없느냐는 어느 인터뷰에서 그가 답한 내용의 일부다.

"리어카를 개발하면서 난생 처음으로 망치질도 해보고 용접도 해봤어요. 정말 어렵게 첫 리어카가 개발했을 때의 그 감격이 아직도 생생합니다. 그리고 지난해 12월 중순쯤 처음으로 중고차 매매 광고가 들어왔을 때도 잊지 못해요. 가로 87cm, 세로 64cm

크기의 중고차 매매업체 광고판이었는데 광진구에 사시는 김봉덕 할머니께서 직접 광고 모델까지 해주셨어요. 할머니가 본인이 모델로 나온 스티커를 붙이고 리어카를 끌면서 환하게 웃으시는데 가슴이 뭉클하고 정말 기뻤어요."

평범한 학생이었던 그가 이런 일에 뛰어든 건 다름 아닌 사회적 가치를 부여하는 일에 가슴이 뛰었기 때문이었다. 리어카에 광고를 실어 노인들을 돕는다는 마음으로 누군가를 행복하게 만들고 그로 인해 자신을 긍정적으로 성장시켰다고 말하는 그. 많은 대학생들이 자기 스펙 쌓기에만 전념하고 있는 현실에 잔잔한 감동을 주는 건 분명해 보인다. 일상의 능력으로도 자신의 존재 가치를 빛나게 했던 경험, 생각해보니 나에게도 있었다.

스리랑카의 아침은 특별했다. 정답게 짖어대는 새소리와 풀잎 위로 내려앉은 이슬, 열대지방에서만 자라는 화려한 꽃들이 제마다 멋을 뽐어내는데, 그 풍경을 가만히 보고 있노라면 행복이 밀려왔다. 아침은 하루 중 가장 시원한 시간이었기에 운동하기 가장 좋았다. 중고 자전거를 싸게 구입한 덕에 매일 아침마다 동네 한 바퀴를 자전거로 돌아보곤 했다. 하루는 꽤 멀리 떨어진 마을에 도착했다.

나뭇잎으로 지붕을 만든 집들이 즐비했고, 담벼락 대신 듬성듬성 나무가 세워져 있었다. 빈민촌 같아 보였다. 마을 입구에 아침 일찍부터 웬 외국인이 서성거리자 몇 몇이 보여 웅성대기 시작했다. 두 손을 합장하고 "아유보완(안녕하세요)"이라고 외치는 내가 신기했던지 여기저기 꼬마아이들이 키득키득 거리며 웃기 시작했다. 마을에 들어서며 긴장했던 나도 꼬마아이들이 보인 미소에 한결 마음이 놓였다.

경계도 잠시, 처음 본 외국인과 명랑한 아이들이 뒤섞여 가는 이상한 풍경에 마을 주민들의 입가엔 어느새 미소가 번졌다. 마을 한 바퀴를 걸어보니 마을 분위기가 무척 푸근하게 느껴졌다. 오늘은 약속된 일정이 있으니 저녁쯤 다시 와도 되겠냐고 아이들에게 물어보니 너무 좋다고 박수까지 쳐준다. 괜히 기분이 좋아졌다.

하루 일과를 마치고 다시 그곳으로 향했다. 몇몇 집에선 벌써부터 밥 짓는 연기가 피어올랐다. 해질녘 시골 풍경은 내 마음을 아늑하게 하는 데 그만이었다. 아침에는 마을 한 바퀴를 둘러보는데 그쳤지만, 이번엔 양해를 구하고 아이들이 모여 있는 어느 집 모퉁이까지 들어가 보았다. 이내 집안어른으로 보이시는 아주머니가 나를 보고 수줍게 웃으셨다. 그러더니 집안으로 들어가 의자 하나를 가지고 나오시며 의자에 앉으라고 손짓하신다. 그 세심한 마음이 고마웠다. 자리에 앉자마자 동네 아이들이 몰려왔다.

"아저씬 이름이 뭐예요?"

"어디서 왔어요?"

"스리랑카에 왜 왔어요?"

용감한 아이가 질문을 하자 다른 아이들도 이에 질세라 연이어 질문을 쏟아냈다. 내가 현지어로 더듬더듬 얘기하자 긴장감 제로, 일제히 깔깔깔 웃음이 터졌다. 궁금해서 여기까지 들어오게 된 내가 오히려 그들 눈에 호기심의 대상이 되었으니 신선한 경험이었다. 그러던 중 한 아이가 말했다.

"여기에 상처가 났어요."

진물이 흐르고 있었다.

"며칠 전 크리켓(영국 식민지령이었던 나라들이 야구처럼 즐기는 국민 스포츠 종목)을 하다가 넘어졌어요."

"왜 약을 안 발랐니?"

"약이 없어요."

갑자기 많은 아이들이 바지를 치켜 올리며 발에 난 상처를 보여준다고 부산을 떨었다. 상처가 거의 아문 꼬마들도 있었지만, 대부분 상처 위에 흙먼지가 그대로 쌓여 있었다. 그저 자연치유가 될 때까지 또다시 뛰어노는 모양이었다. 제일 고학년으로 보이는 소녀가 말했다.

"약을 살 돈이 없어요."

"그 약이 얼마나 하니?"

100루피, 우리나라 돈으로 1000원이었다. 그래서 난 아이들 앞에 약속했다.

"얘들아, 내가 내일 약 사가지고 올게."

이 말에 아이들은 환호했다. 내가 약을 사온다고 해서 기뻐했던 건지 아님, 내일 또 온다고 하니 기뻐한지는 알 수가 없었다.

다음 날 동네 약국을 찾았다. 바디랭귀지로 연고, 솜, 소독약, 붕대, 반창고, 가위, 집게 등을 모조리 샀는데 300루피(3000원)라고 하니 믿기지 않았다. 자전거를 몰고 그 마을로 다시 향했다.

발걸음이 어제와 달랐다. 소독약을 기다리는 아이들을 생각하니 기분이 좋아진 건가? 아이들에게 필요한 것을 줄 수 있어서 설레는 건가? 콧노래를 부르며 페달을 신나게 밟아 마을에 도착했다. 몇 번을 왕래하다 보니 어느새 나는 마을에 유명인사가 되어 있었다. 마을 입구부터 몇 아주머니는 날 보고 미소 지으며 눈인사를 했고, 눈치 빠른 아이들은 옹기종기 모여 들었다.

나와 아이들은 어제 모였던 장소로 함께 움직였다. 나는 어제 봤던 소녀를 찾았다. 이름은 니산스라였다. 눈이 선하고 예쁜 아이였다.

"니산스라, 상처 있는 아이들 좀 이쪽으로 불러줄래?"

몇 분 후, 멀리서 크리켓을 하던 아이들을 포함해 동네 모든 아이들이 왔다. 꽤 많은 아이들이 우르르 몰려와 잠시 당황했다.

"발이나 손에 상처가 있는 사람만 올래?"

"나도요, 여기요, 저기요."

"니산스라, 애들을 한 줄로 세워줘. 한 사람씩 차례대로 치료하자."

옹기종기 모인 아이들의 반응은 극렬했다. 발가락에 상처나 진물이 흐르는 첫 번째 아이에겐 솜에 소독약을 적셔 진물을 닦아주었다. 이리저리 몸을 뒤척이며 아프다고 난리다. 그 모습을 본 아이들은 재밌어하며 자지러졌다.

"엄살 피우지 말고 참아, 니산스라 요놈 팔 좀 잡아줘."

한 녀석은 이미 딱지가 아물었는데도 아프다고 치료해 달라는데 나도 모르게 웃음이 터졌다. 내가 웃으니 또 아이들이 신나게 따라 웃었다.

마음이 이상했다. 살아오면서 이런 감정을 가졌던 적이 있었던가. 아이들의 작은 상처를 소독해주면서 느끼는 이 감정은 도대체 무엇이란 말인가. 치료가 끝날 때마다 고맙다고 연발하는 아이들 목소리는 또 얼마나 나를 미소 짓게 만들었던가.

다시 오겠다고 자발적으로 약속을 하게 된 이유는 나에게 보여준 아이들의 눈빛과 따뜻한 미소 때문이었다. 자전거 페달을 힘차게 밟으며 마을로 향하던 그 시간 동안, 그리고 상처를 치료하는 그 순간 나는 살아 있음을 느꼈다. 짧은 순간이었지만 내 존재 가치를 굵게 경험했고 '나 역시 세상에 도움을 줄 수 있는 사람이었구나!'라는 믿음이 가슴 안의 행복감을 야무지게 밀어올렸기에 가능한 일이었다. 삼천 원으로 너무나 값진 행복을 샀다.

행복은 멀리 있지 않다. 행복의 밑바닥에는 내가 누군가에게 도움이 될 수 있다는 기쁨이 자리하고 있다. 당신이 누군가의 도움으로 여기까지 올 수 있었다는 것을 알고 있다면, 나를 필요로 하는 곳이면 어디든 도움을 주며 살아가려 노력해야 한다. 누군가에게 도움이 될 수 있다는 믿음은 자신을 아주 긍정적으로 성장시킨다.

사실, 우리 모두는 누군가를 행복하게 만들 수 있다. 다만 인식하지 못할 뿐이다. 나는 그것을 인식하는 것이 곧 행복의 시작이라고 믿는다. 행복은 정말 멀리 있지 않음이 확실하다. 그 소독약처럼 당신 역시 누군가로부터 기다려지고 미소 짓게 하는 일에 가슴 설레고 싶지 않은가?

1. 내 존재가치를 확인시켜주는 경험을 하라.

2. 나 역시 세상에 도움 주는 사람임을 인지하라.

3. 누군가의 도움이 되는 경험은 누구도 아닌 자신을 긍정적으로 변화

   시킴을 확신하라.

'점'이 아닌 '면'처럼 사는 것도 인생이다

"당신은 꿈이 있어서 여기까지 올 수 있었습니까?"

홍콩에서 인턴생활을 하던 어느 날, 사무실에서 가장 높은 자리에 있던 바실 씨와 단둘이 이야기를 나눌 기회가 있었다. 위 질문은 그때 내가 그에게 물었던 질문이다. 푸근한 인상을 가진 백발의 할아버지이자 변호사 출신의 인권운동가였던 그가 대답했다.

"30대 중반이 될 때까지 남들처럼 꿈을 생각하며 살아본 적은 없었네. 그저 평범한 변호사로 주어진 일을 했을 뿐이지. 그렇게 맡겨진 일을 하다가 문제의식이 점차 커졌고, 결국 이 자리까지 오게 됐네. 어렸을 때부터 꿈꿔 온 것을 달성하기 위해 산 것은 아니었어. 인생의 답은 없는 거니까."

꿈을 이루기 위해선 정해진 목표를 향해 무조건 달려가야 된다는 우리네 정서와는 사뭇 달랐다. 그렇다고 그의 인생이 후회로 점철돼 보이지도 않았다. 인생의 순간순간이 꽉 찬 느낌이라고나 할까.

이제 마흔을 앞두고 있는 나는, 목표를 설정하고 나아가겠다는 생각보다 지금의 상태에 주목하고 있다. 무슨 말인가 하면 '지금의 내 삶은 재미와 설렘에 끊임없이 자극받고 있는가?'가 중요하다는 것이다. 여느 직장인처럼 살다가 문득 '뻘짓'을 기획하면 아내는 '또 병이 도진 것 같다'며 농담을 던진다. 아이디어 대부분이 엉성해서 그 생명력은 짧은데, 어느 날 지금껏 적어놓은 아이디어들을 쭉 훑어보다가 무릎을 칠만큼 놀라운 일을 경험하게 된다.

'아이디어 형태만 다르지 하나로 귀결되네. 내 고향, 후배들 그리고 나의 정체성, 이 3가지를 기반으로 다양한 시도를 하고 있잖아!'

꿈이라는 목표만을 좇다가 순간이 주는 의미마저 놓치며 살아가는 것을 원하지 않았다. 지금의 삶이 나를 끌리게 하는지가 중요했고, 끌린다면 '왜' 나를 이끄는지 내면의 나를 깊숙이 쳐다보고 싶었다. 아마도 현재를 사는 내가 어면 상태이길 원하고, 어디를 앞으로 가고 싶은지 '마음의 현주소'를 알고 싶었던 것 같다. 정리하면 '지금 이 순간이 주는 행복'과 '멀리 바라볼 수 있는 비전'의 양립 상태다.

　여기 꿈도 희망도 없이 살아온 청년이 있었다. 미스터네이쳐라는 건강기업의 양동빈 대표다. 그는 어느 한 강연에서 자신의 이야기를 풀어놓았다. 대부분의 친구들이 '나 뭐하지? 뭘 전공하지? 무슨 대학을 가지?' 하며 '무엇'만을 찾으려고 생각할 때, 그는 대신 '어떻게 하지? 어떻게 놀지?'라는 즐거운 생각을 하기로 했다. 생각이 바뀌자 많은 변화가 일어났다. 지금껏 결과에만 집착했다면 이제는 과정을 중요하게 생각하게 됐고, 그 과정에서 배울 수 있는 사람이 된 것이다. 그는 자신과 생각이 비슷한 사람들을 만나 회사를 설립하게 되는데 당시 다음 글귀에 강한 영감을 받았다고 한다.

　'배 한 척을 만들고 싶다면 사람들에게 나무를 해오게 하지 말고, 끝없이 망망한 바다에 대한 동경을 심어 주어라.'

　생텍쥐페리의 말이다. 그의 꿈은 돈을 많이 벌거나 거대한 기업을 일구겠다는 것이 아니다. 단지 지금의 동료들과 즐겁게 모험을 해나가고, 우리만의 룰을 만들어 세상을 살아가는 게 목표라고 자랑스럽게 말한다. 이것이 바로 '순간이 주는 행복'과 '멀리 바라볼 수 있는 비전'의 양립이 아닐까?

　그는 자신의 삶을 돌아보면서 '내가 왜 이렇게 살고 있지?', '나는 왜 이런 생각을 하고 있을까?', '왜 나만 힘든 거 같지?' 하며 끊임없이 '왜'라는 질문을 끊임없이 자신에게 던졌다고 한다. 이것은 '어떻게 살아야 할까?'라는 질문으로 이어졌고 자연스레 답을 얻을 수 있었다고 한다. 그는 청년들에게 이렇게 말한다.

"세상은 자꾸 답을 내리고 답을 찾은 것처럼 그리고 답을 찾아야 하는 것처럼 말을 합니다. 공부만 시켜놓고 너는 꿈이 뭐야? 난 공부만 했는데 꿈이 어디 있어요? 일단 좋은 대학부터 가는 게 내 꿈이지. 그러나 이제부터라도 마음의 움직임에 끊임없이 집중해보세요. 그러다 보면 어느 정도 답이 나올 거라 생각합니다."

이런 양 대표가 자신이 좋아하는 단어로 'Creating'을 꼽는다. 동사라는 'Creat'뒤에 'ing'가 붙는 이유는 본인 스스로 지금도 성장하고 있고 여전히 꿈을 찾고 있는 중이기 때문이다. 'ing'가 붙어있는 한 자신의 꿈은 멈추지 않을 것 같다고 말하는 그, 자신만의 인생이야기를 무척이나 잘 만들어가는 단단한 청년이다.

행복은 달성해야 할 목표가 아닌 지금 이 순간 느끼는 감정이다. 목표 달성을 했다고 행복한 것이 아니다. 나를 둘러싼 것들에서 '재미', '설렘' 그리고 '감사함'을 발견할 수만 있다면 지금 이 순간도 행복할 수 있다. 인생은 한 '점'만을 바라보며 달려가기엔 놓치는 소중한 시간이 너무나 많다. 먼 바다를 동경하기에 지금 걷는 길이 행복하다는 양 대표를 보면서 느끼는 게 있다. 꿈이라는 목표에 도달하는 것만이 인생의 의미가 있는 게 아니다. 순간마다 아름다움으로 가득하고 환희를 느낄 수 있다면 그것만큼 꽉 찬 인생이 또 있을까. 인생은 '점'이 아닌 '면'처럼 살아야 하는 게 아닐까라는 생각이 든다.

현재를 살아가는 '공식'에 관한 셀프퀘스천 리더의 Tips

1. 지금 이 순간, 내가 행복을 느낄 수 있는 것이 무엇인가?
2. 끝없이 망망한 바다에 대한 동경을 심어주고 배를 만들라는 생텍쥐페리의 말처럼 '멀리 바라볼 수 있고 가슴 두근거리게 하는 비전'을 집요하게 탐색하라.

진정 아름다운 삶이란?

2015년 1월 아내와 괌으로 여행을 떠났다. 노조 간부 일을 시작한 지 1년이 넘어 떠난 첫 휴가였다. 휴양지를 선택한 이유는 '정말 아무 생각 없이 그냥 쉬고 싶을 정도로' 심신이 지쳐서였다. 그때 내 손엔 한 권의 책이 들려 있었다.

『더 나은 세상을 여는 대안 경영』

백내장 환자들에게 수술 과정 혁신을 통한 무료 시술을 함으로써 수많은 환자들에게 희망을 준 것이나, 맹인들이 가진 놀라운 손 감각으로 유방암 환자를 조기 진단하게 하여 장애인과 환자 모두의 삶을 획기적으로 변화시켰다는 이야기 등 흥미진진한 사례가 끊임없이 소개됐다. 타이의 간호사들이 노인을 존경하는 마음이 각별하고, 유럽보다 비용이 저렴하다는 사실에 착안해 독일의 치매 환자들을 타이에 위치한 요양원에 편히 지낼 수 있게 함으로써 높은 비용문제와 돌봄 서비스의 질적 문제를 한꺼번에 해결했다는 사례는 '우와, 기발한데?' 하며 책 속으로 더욱 몰입하게 만들었다.

특히, 공동체가 안고 있는 문제에 실질적 대안을 제시한 사례가 많았다. 그중 일부를 소개한다. 터키 출신의 이주민 자녀로 독일의 고등학교와 대학을 나온 무라트 부랄이라는 남자는 독일 내 자신과 처지가 비슷한 아이들에게 도움을 주고 싶다는 생각을 하게 된다. 그래서 비슷한 생각을 가진 사람들과 함께 '기회의 공부방'을 설립한다. 이주민이라는 배경을 가졌음에도 대학을 졸업하여 사회에 성공적으로 진출한 사람들이 비슷한 아픔을 겪었을 후배들에게 실질적 도움을 준다는 구조다. 이런 상호 학습도우미시스템은 실제로 즉각적인 효과를 발휘했다.

또 다른 사례로 '너의 삶을 뒤흔들어라!' 프로젝트가 인상 깊었다. 인문계나 실업계 중 어디로도 진로를 확실히 정하지 못하고 방황하는 아이들을 위해 대학생들이 자발적으로 나선 것이다. 일대일 코칭 시스템으로, 대학생인 형, 누나, 오빠, 언니들로부터 자신들이 얼마나 가치 있는 사람이고 사회에 필요한 사람인지를 이 혁신적인 프로젝트를 통해 배운다. 파급 효과는 여기서 멈추지 않는다. 이 프로그램에 참여한 대학생들 역시 코칭해 주면서 가슴 뭉클한 순간들을 만나게 된다. 봉사 그 자체로 자신이 살아가는 의미를 깨닫게 된 것이다. 이 책을 덮을 때쯤 혼자만이 아닌 함께 살아가는 삶도 성공적일 수 있다는 생각이 들었다. 그래서 가슴이 뛰었다. 한 권의 책과 함께 괌의 푸른 바다는 나의 상상력을 최고조로 끌어올렸다. 그래서인지 달콤한 일주일간의 휴가가 끝마쳐갔을 때쯤 메모장엔 몇 개의 아이디어들이 빼곡히 적혀 있었다. 예를 들면 '지역공동체에 이 책에 언급된 사례를 내가 가진 아이디어와 접목해보면 변화를 이끌어낼 수 있지 않을까?' 하는 것들이었다. 이곳에서 지친 몸만 치유했던 것이 아니었다. 멈춰 있던 가슴과 머리에 굉장한 생기를 불어넣어준 아주 특별한 휴가였다.

책의 부제처럼 '사람과 자연을 살리는 진정한 혁신' 사례들이 오케스트라처럼 펼쳐지는 것을 보면서 '아, 나도 생각을 바꾸면 세상을 변화시킬 수 있겠구나!'라는 생각에 흥분됐다. 일주일간 이 책을 내 것으로 흡수하려 했다. 왜 이토록 두근거림을 느꼈을까? 이 책이 내가 살아있음을 확인시켜주는 즉, 나의 영혼을 두드렸기 때문이다.

2005년 7월, 〈휴먼스쿨〉이라는 대학생 봉사팀으로 스리랑카 학생들에게 '쓰나미 재해예방교육'을 했을 때다. 열대야보다 더 뜨겁게 호응해줬던 학생들과 선생님들 앞에서 마지막 교육을 마치며 우리 모두는 강단에 올랐다. 자리에 함께 해줬음에 감사하며 인사를 나누던 그때, 동료 중 하나가 갑작스런 제안을 하게 된다. 모두가 어깨동무하며 해바라기의 '사랑으로'를 다 같이 불러보자고. 그렇게 우리의 노래는 시작됐다.

'내가 살아가는 동안에 할 일이 또 하나 있지.
바람 부는 벌판에 서있어도 나는 외롭지 않아. (중략)
우리 타는 가슴 가슴마다 햇살은 다시 떠오르네.
아 아 영원히 변치 않을 우리들의 사랑으로
어두운 곳에 손을 내밀어 밝혀 주리라.'

노랫말을 따라 부르다 나는 전율했다. 가사가 주는 메시지와 '나는 왜 이 곳에 와 있는가?'라는 물음이 만나 '지금 이 순간이 나의 운명적인 순간이구나!'를 느꼈다. 뜨거운 무언가가 가슴 밑바닥으로부터 올라와 결국엔 두 눈에 눈물이 흘러내렸다. 내 인생의 가장 감사하고 행복한 삶 한복판에 와 있다고 그때 확신했다.

파견 목적이 '쓰나미 재해예방교육'이었기에 비전문가인 우리는 모든 게 처음이라 긴장했지만 자신감은 충만했었다. 그렇게 한 번, 두 번 학교를 방문하며 우리의 일을 해 나갈 때마다 동료들 입에선 예상치 못했던 말이 튀어나왔다.

"오히려 내가 그들로부터 배우고, 지쳐 있던 내 마음을 치유 받고 있는 것 같아."

그로부터 12년이 흘렀다. 〈휴먼스쿨〉이라는 대학봉사 단체의 명맥은 여전히 이어져오고 있었다. 우연찮게도 최근에 미얀마 파견을 다녀온 한 후배의 여행 후기를 보게 되었다. 그중 한 글귀가 눈에 띈다.

"과거의 나는 내가 생각한 대로 살아가지 못했던 것 같다. 시간이 흘러가는 대로 생각 없이 살았다. 고등학교 때는 대학을 가기 위해 공부만 했고 대학에서는 친구들과 놀거나 아르바이트하고, 취업하기 위해 또다시 공부하는 그런 하루만을 살았었다. 하지만 해외봉사라는 같은 목표를 갖고 있는 친구들과 만나면서 나의 삶은 변해갔다. 사실, 파견을 떠나기 전 학교 다니면서 아르바이트하고 파견 준비하느라 몸도 마음도 힘들긴 했었다. 그럼에도 미얀마에 가서 어떤 교육봉사를 할 것인지 스스로 기획하고 자금을 마련하면서 하나둘씩 무언가 완성해간다는 느낌에 성취감을 느꼈다. 그렇게 준비하고 도착한 미얀마에서 봉사와 여행을 병행했던 나는 정말 행복했었다. 누군가 잠잘 때 아무 걱정 없이 잠들 때가 진정한 행복이라는 말을 했던가? 그곳에서 난 잠들 때 걱정이란 없었고 오히려 내일 맞닥뜨릴 새로운 경험들에 설레기까지 했다. 그만큼 나는 삶의 에너지를 충전했고 다녀와서도 '나는 쓸

모 있는 사람이다'라는 생각마저 들었다. 앞으로의 인생을 열심히 살아야겠다고 다짐마저 하게 된 것이다. 내 인생의 전환점이었다."

나는 이 후배의 말에서 유독 '나는 쓸모 있는 사람이다'라는 말이 와닿는다. 해외봉사란 것은 하나의 수단일 뿐이다. 중요한 것은 그것을 통해 이제껏 알지 못한 '나도 세상에 선한 영향력을 미칠 수 있는 사람이구나. 누군가를 위해서 내가 가진 무엇인가를 나눠 주는 데도 행복할 수 있다니!'라는 '자신만의 선한 가치'에 눈을 뜨게 됐다는 사실이다.

후배는 해외봉사 팀에서 현지 공동체에 도움이 되는 일을 수행했었다. 바로 이런 과정에서 '내일이 기다려지고 삶의 에너지마저 얻었다'고 말했다. 자신의 일이 가치 있음을 깨닫고 그렇기 때문에 행복을 느꼈다는 그가 인생의 전환점을 맞았다고 고백하는 건 어쩌면 자연스러운 결과였는지도 모른다. 나와 비슷한 경험을 했던 이 후배 역시 다음 후배들에게 자신의 경험을 또다시 나눠 주려고 한다.

톨스토이는 이런 말을 남겼다.

"나 자신의 삶은 물론 다른 사람의 삶을 삶답게 만들기 위해 끊임없이 정성을 다하고 마음을 다하는 것처럼 아름다운 일은 없습니다."

　나는 이 책 전반에 걸쳐 누구의 삶이 아닌 자신이 삶을 아름답게 가꾸는 것이야말로 살아가는 이유라고 강변해왔다. 톨스토이는 그 일이 가능하기 위해선 또 하나의 비밀이 있음을 이야기했다. 자신의 삶은 물론 다른 사람의 삶 역시 삶답게 만들어야만 그 가치를 만끽할 수 있다고 말이다. 즉 이웃이 행복해야 나도 행복할 수 있다. 관계 속의 나를 통해서만이 나의 진짜 존재 이유를 알게 된다.

　자신의 몸값을 높이고 출세에 혈안이 된 사회. 약자나 자연 생태계를 무자비하게 희생시켜 소수만이 잘살고 그로 인해 끊임없는 사회적 불안만을 잉태하는 사회. 당신은 혹시 이런 사회의 뿌리부터 변화시킬 방법에 대해 고민한 적이 있는가? 『더 나은 세상을 여는 대안 경영』의 책을 옮긴 강수돌 교수는 이 책을 빗대어 말한다.

　"이 모든 변화의 기저에는 사람이 가장 중요하며 따라서 사람들이 어떤 교육을 받는가 하는 문제가 사실상 절박한 과제임을 이 책은 강조한다. 그렇다. 앞으로는 무조건 기업이 원하는 '스펙'을 쌓아 월급 많이 주는 직장에서 일하는 것을 목표로 할 것이 아니라, 세상에 둘도 없는 자신의 인생을 위해 얼마나 창의적이고 혁신적으로 살 것인지를 고민해야 한다. 그리하여 자신의 행복과 더불어 공동체의 행복을 같이 추구하는 길이 무엇인지를 인생의 화두로 삼아야 한다. 그렇게 되면 우리는 날마다 벅찬 느낌으로 새 아침을 맞이할 수 있다. (중략) 자신만의 독특한 여정을 본격적으로 시작해 보자. 나 혼자 꿈꾸면 꿈으로 남지만 여럿이 같이 꿈꾸면 현실이 된다고 하지 않던가. 그것도 매일."

지금까지 나는 '6Questions'을 통해 내면의 목소리를 듣고자 자신의 '안'을 집요하게 바라보라고 말해왔다. 그리고 이 책의 가장 마지막이자 새롭게 시작될 이 지면에선 다시 '밖'을 보라고 말하고 있다. 그것이 무엇이든 어떤 방식이든 사람을 이롭게 하고 행복하게 하는 일이라면 당신은 충분히 가치 있는 사람이 될 수 있다. 그래야만 다음 세대들이 지금보다는 한 발짝이라도 더 나은 세상에서 살 수 있지 않겠는가. 자, 이제 '안'으로도, 그리고 '밖'으로도 실천할 때다. 안전한 항구에서 정박된 배의 밧줄을 풀고, 항해하는 저 희망찬 배를 꿈꾸면서 박차고 일어서자.

memo

지금 이대로 괜찮을까

초판 1쇄 펴낸날 : 2018년 5월 30일

지은이 : 이도권
펴낸이 : 이금석

기획·편집 : 박수진, 박지원
디자인 : 책봄 디자인 스튜디오
마케팅 : 곽순식
물류지원 : 현란

펴낸곳 : 도서출판 무한
등록일 : 1993년 4월 2일
등록번호 : 제3-468호

주 소 : 서울시 마포구 서교동 469-19
전 화 : (02)322-6144
팩 스 : (02)325-6143
홈페이지 : www.muhan-book.co.kr
e-mail : muhan7@muhan-book.co.kr

값 : 14,000원
ISBN : 978-89-5601-370-1 (13320)